中國字 II

讲述中国人的思维和汉字的故事

孔德墉

人民日报出版社

图书在版编目（CIP）数据

中国字：讲述中国人思维和汉字的故事. 2 / 孔亚平著. —北京：人民日报出版社，2023.7
 ISBN 978-7-5115-7886-0

Ⅰ.①中… Ⅱ.①孔… Ⅲ.①汉字-青少年读物 Ⅳ.①H12-49
中国国家版本馆CIP数据核字（2023）第113349号

书　　　名：	中国字——讲述中国人的思维和汉字的故事2
	Zhongguo zi——Jiangshu Zhongguoren de Siwei he Hanzi de Gushi 2
著　　　者：	孔亚平
出 版 人：	刘华新
策　　　划：	王慧蓉
责任编辑：	王慧蓉
插　　　图：	刘晓筱
出版发行：	人民日报出版社
社　　　址：	北京金台西路2号
邮政编码：	100733
发行热线：	（010）65369527　65369846　65369509　65369510
邮购热线：	（010）65369530　65363527
编辑热线：	（010）65369844
网　　　址：	www.peopledailypress.com
经　　　销：	新华书店
印　　　刷：	大厂回族自治县彩虹印刷有限公司
开　　　本：	710mm×1000mm　　1/16
字　　　数：	250千字
印　　　张：	15.75
版次印次：	2023年7月第1版　　2023年7月第1次印刷
书　　　号：	ISBN 978-7-5115-7886-0
定　　　价：	45.00元

承传经典，从解读汉字开始

杨朝明

最初一看到《中国字——讲述中国人的思维和汉字的故事》这个书名，我就觉得这个选题特别好。用中国字讲述中国思维，讲述中国人的故事，意义非同寻常。

我从事儒学与传统文化研究，所以当我看到书稿后，就马上想到有两个字可以好好讲。

第一个是"儒家"的"儒"。我刚刚读硕士研究生的时候，曾与同门师兄弟专门去四川大学拜见过我们崇拜的徐中舒先生。先生研究先秦史、古文字，曾是中国先秦史学会会长。记得先生在《四川大学学报》发表过一篇文章，叫《甲骨文中所见的儒》。现在很多人对于什么是儒说不清楚，其实文字就能说明问题。

大家知道，中国字的形声字后来才多起来，最早会意字、象形字相对更多一些，"儒"本来也是一个会意字。儒，最早可能没有单人旁，而是作"需要"的"需"，下部的"而"为一个人形的讹变。隶定之后，就是"需"的样子。这个字就像一个人在沐浴濡身。那么，它与儒家、洗浴有什么关系呢？

孔子创立儒学之前，"儒"可能是相礼的人，在礼仪活动前，他们需要斋戒沐浴，洗干净自己。所以，"儒"是祭祀等重要礼仪活动的主持者，故《礼记》说"儒有澡身而浴德"，《孟子》说，虽有恶人，斋戒沐浴则可以祀上帝。与古代的"儒"一样，孔子创立的儒学也有"濡"的功能，此即前人所解释的：儒者濡也，以先王之道能濡其身。孔子令弟子做"君子儒"，就是让他们关注人心、关心社会。不但洗干净身体，更要洗干净心灵。《中国字——讲述中国人的思维和汉字的故事》里的文化思想继承前人，乃"述而不作"，这也是孔子的文化观，作者正是效法孔子。孔子"祖述尧舜，宪章文武"，他传述尧、舜、禹、汤、文、武等的先王之道"濡"其身，儒学就是这样创立的。所以，如果把这个"儒"解释清楚，那中国人的思维就很清楚了。

第二个是"君子"的"君"。以前我读《孔子家语》的时候，忽然发现这个"君"或"君子"挺有意思。从古文字上讲，"君"字上面是"尹"，下面是"口"。"尹"就是手里拿了个东西，或许它就是权杖，是权力的象征，《说文解字》就这样解释的。20世纪90年代，在湖北省荆门市的郭店楚墓里发现了一个手杖，据说它的主人是"东宫之师"。他是有地位的人，这可能就是他的手杖。君子，本来是对贵族男子或为政者的称谓，是指有其德在其位的人，是为政做官的人的通称。现在一提到君子，就是指有素养的、高尚的人。

为什么为政做官的人是高尚的人？因为责任大，所以要求高；既然是尊贵的人，就应该是高尚的人。为政以德很重要，政者正也，政治的"政"，就是正确的"正"，为政者不正，百姓何所正焉？所以孔子说：其身正，不令而行；其身不正，虽令不从。子帅以正，孰敢不正？所以，既然有位，就该有德，这就是君。

我们称一个人为"君子"，是说他是有教养的人。按照《孔子家语》所记孔子的说法，一个人被称为君子，是因为他有教养。孩子有教养乃是父母所教，因为"养不教，父之过"，所以夸赞一个人是"君子"，则有他是"君之子"之意。这就是说，夸赞一个人是"君子"，实际上是说他父亲像个君。一个人有教养，是成就了父母。一个人被称为君子，实际上就是说他们的家教，他们有教养。

曾子说过一句话叫"大孝尊亲"，这里是使动用法，是说"最大的孝是使亲尊"。一个人有教养，符合社会价值的要求，他的行为就得到了社会的认可，也就给父母、家庭、家族、家乡带来了荣耀，他的父母也会由此受到尊荣。所谓"大孝尊亲"，是要人们将家庭伦理与社会伦理、家庭教育与学校教育打通，此即所谓"不入主流，难成一流"。个人的所作所为，要符合或遵循社会价值观的需要，这才是对父母的大孝。怎样才是好的家风？《大学》说得好，"欲治其国者，先齐其家""家齐而后国治"，修身是为了齐家，齐家是为治国平天下。好家风的底色是道德，这也符合中国传统的忠孝统一观念。

总之，中国字连接着中国思维，在我国古人的介绍中，仁者，人也；义者，宜也。礼者，理也；智者，知也。道者，导也；德者，得也。夫者，扶也；妻者，齐也……中国字，妙极了！

可以说，每一个中国字都密切关联着中国的历史，联结着中国人的文化。每一个字都承载着中国的智慧，讲述中国的故事。

就目前关于"中国字"的介绍而言，不少古汉字读物把注意力放在了单字字形、字义上，字与字之间的关联比较少，但字与字、字与万物、字与义都是相联系的，它们是文化思维的一部分。人们的认识和理解不能仅仅停留在符号上，不宜用现代人思维穿凿附会。在古代中国，学习作为"小学"的古文字，目的在于正经补史。所以对古汉字的讲解，最好回归古人思维，延伸到传统思维系统中。

值得称道的是，《中国字——讲述中国人的思维和汉字的故事》把目标读者定位在青少年学生。青少年是民族和国家的未来，如果能让青少年读者在书中触摸我们的根文化，那是再好不过的了。一棵树，其生命力取决于它的根有多深，根深蒂固，才会枝繁叶茂。本书的内核是表达往圣先贤智慧。本书在本源上用力，在"人文源自天文，以天伦定人伦"以及"观天以演文，据文以造字"上致思，还强调文字背后的思维模型，之处本质上与《易经》系统的关联，不少解释都令人耳目一新。

是为序。

2023 年 4 月 27 日

目录

第一课　国 / 1
第二课　家 / 5
第三课　复（復）/ 13
第四课　兴（興）/ 19
第五课　同 / 22
第六课　演 / 29
第七课　孔 / 34
第八课　阅和读 / 42
第九课　止 / 54
第十课　定 / 59
第十一课　静 / 67
第十二课　安 / 71
第十三课　虑 / 77
第十四课　得 / 82

第十五课　正 / 88
第十六课　思 / 95
第十七课　江 / 101
第十八课　河 / 105
第十九课　俭 / 111
第二十课　汉 / 120
第二十一课　唐 / 125
第二十二课　宋 / 130
第二十三课　历 / 134
第二十四课　儒 / 140
第二十五课　企 / 145
第二十六课　业 / 149
第二十七课　者 / 156
第二十八课　之 / 160

第二十九课 坎 / 163

第三十课 艮 / 168

第三十一课 根 / 173

第三十二课 本 / 177

第三十三课 表 / 183

第三十四课 达（達）/ 187

第三十五课 勤 / 190

第三十六课 奋 / 194

第三十七课 穷 / 196

第三十八课 开 / 199

第三十九课 势 / 206

第四十课 情 / 212

第四十一课 义 / 216

第四十二课 损 / 221

第四十三课 益 / 227

第四十四课 顺 / 231

第四十五课 利 / 235

第四十六课 宝（寶）和
　　　　　　贵 / 239

第一课　国

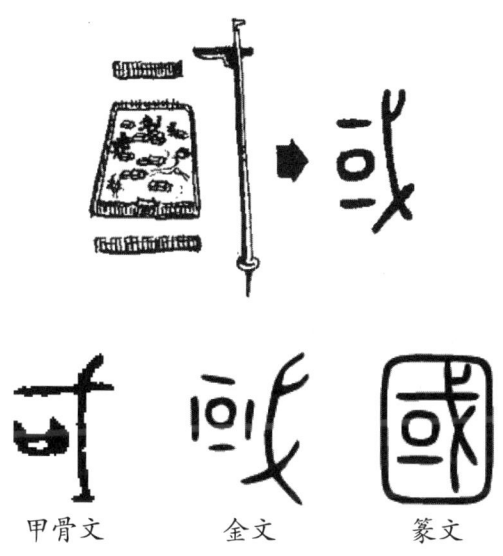

甲骨文　　金文　　篆文

鹿鸣拿着一本大部头书,一边看一边轻声嘀咕。在旁边的杜若正放下书喝水,好奇地凑过来,刚好听到鹿鸣说:"这么小?"

杜若问:"你在看什么呢?"

鹿鸣把封面露出来,原来是《欧洲史》。

杜若问:"那你嘀咕什么呢?"

鹿鸣把书页摊开,指着其中一段说:"你看这段:古代欧洲的小国家非常多,有些甚至小到只有一个村庄,仅几十口人。"

杜若说:"所以你觉得太小了就不能算国,是吧?"

鹿鸣说:"差不多这个意思。"

小雅听到后也加入讨论,她说:"其实你应该换个角度,所谓国,是一种地域概念,任何面积的土地,都可以视为某种国。我记得以前看过一个纪录片,有一家人占据了大海中废弃的平台,然后自立一国。那个国更小,面积没有足球场大,人口就几个人。"

杜若说:"我看字典里'国'的意思不止这些,不如问问先生,让先生讲讲。"

学生们都很期待,先生也很乐意。他选择顺从学生的建议,今天的课就改为讲"国"。

先生还是照例先解字,他说:"甲骨文的'国'字为'戈'下一个'口','口'代表城邑,'戈'代表军事武力,打仗就是为了土地,'国'表示有武力防御守护的疆域,也就是诸侯分封的领地。后至金文中,中间的圆圈表示国土,周围四条短线表示国界。不断加强对这个'口'的保护,及至最后再加防御的垣围'囗',而成小篆的'國'。'國'的原型为'或',后因'或'被借为或然之'或'以及疑惑之'或',而加'土'成'域',表示疆域、地域,引申为地区、区域,加'囗'则为'國'。

"《说文》:国,邦也。'国'字的本意是国家,但是跟现在的'国'意思不太一样。《孟子》云:大国,地方百里。次国,地方七十里。小国,地方五十里。'封建'这个词的意思不是我们现在理解的过时的、迂腐的,最早是指周王朝继承了夏商的衣钵而封邦建国。而周王即为'天下共主'之天子，天子拥有的是整个天下，诸侯所分封的就是一个个小的诸侯国，只不过规格不一样：天子之田方千里，公侯田方百里，伯七十里，子男五十里。《周礼》凡言邦国者，皆是诸侯之国，到后来才泛指国家。

"宅兹中国。'宅'是居住，'兹'表示这里。'宅兹中国'出自西周国宝级青铜器何尊铭文，铭文记载了周成王继承周武王的遗志，迁都被称为'成周'的洛邑，也就是今河南洛阳这一重要史实，即'宅兹中国'，而铭文中的'宅兹中国'是'中国'一词迄今发现的最早来源，这是我们作为中国人应该记住的一件大事。周代大量使用的'中国'称谓，至少具有四种含义：一是地理意义上的所谓'中原'地区；二是政治意义上的所谓'天子之国'；三是民族意义上的'华夏'民族，至周代，夏、商、周三族逐渐融合为一个民族整体，即'诸夏'或'华夏'；四是文化意义上的'华夏文明'。

"国家。'国'强调的是有周密的防御体系，《周易》坎卦有

何尊铭文

云'王公设险以守其国',坎者,难也,正所谓多难兴邦,中国之'国'正是习坎而来。国是千万家,家是最小的国。'家'是社会的最基本单元细胞,一定的多细胞群形成了'國'。'國'之为'國',必须以周密的防御体系为体现。毛主席在被列强凌辱之中国提出了'枪杆子里出政权',而后才得以解放全中国。现今的中国在组建了强大的航母舰队、发射多颗卫星成功控制着制空权之后,我们才能自信地表示:'我们不会主动挑起战争,但我们也绝不害怕战争!'在多个细胞群组里,'國'是'家'的屏障,在现今弱肉强食的地球上,自然有'國'才有'家'。防御除军事(戈)以外,看不见的硝烟也要防御(后加的'囗'的功能)。

"中国的传统文明,以国养家、以家治国。'国'是'家'的大化,'父父子子、兄兄弟弟、夫夫妇妇,而家道正,正家而天下定矣'!几千年的文明在中国人的血液里,传递着统一的信念,在各种危难时刻,这种血液里的传承体现的中国智慧,才使得华夏种族历经坎坷而不灭。

"从家到国,'损下益上,其道上行'。从国到家,'损上益下,民说无疆'。正是有这种损益之道,循环往复,阳极阴生、阴极阳生,生生不息!"

同学们,"国"这堂课讲完了,你们掌握了吗?我们下一堂课再见!

扫一扫,听语音讲解版

第二课　家

金文　　　篆文

课间休息时间，学生们聊起了宠物话题。

小雅家里养着一只橘猫，俗话说十橘九肥，小雅家的花花就很符合这个形象，虽然还不至于走不动路，但横向发展很明显。杜若家里是两只柯基，两个小家伙天天想出门遛弯，一天不出门就浑身难受，老是用水汪汪的眼睛瞅着铲屎官。

至于鹿鸣嘛，他家里什么也没养，因为鹿鸣妈妈不喜欢带毛的动物。鹿鸣因此感到困惑，他也想养个什么宠物，可过不去妈妈那一关。

杜若给他瞎出主意，什么蛇啊蜥蜴啊都敢说。小雅连忙制止了杜若的"恶行"："行了行了，小若你差不多得了，你说的我都接受不了，想想都难受。"

杜若听了笑着说："开个玩笑而已，鹿鸣你可以考虑养一只荷兰猪，据说这种小猪长不大，始终那么大一点，也没什么难闻的味道，而且我听说猪很聪明。"

小雅说："我看新闻，有人养了一只所谓的荷兰猪，结果最后长到了两百多斤。这种宠物小时候根本分不出来是不是真正的荷兰猪，还是要谨慎。"

这时候，坐在黑板前的先生说话了："其实养猪在古代有特殊的含义，同学们你们知道吗？"

三个学生都诧异地摇头，鹿鸣疑惑地问："养猪还有什么特殊含义？"

先生没有急着回答，他起身收好椅子，转身在黑板上写下了"𤣩（家）"。

鹿鸣看着黑板，好奇地说："哎，这不是房子里有一头猪吗？"

先生笑道："鹿鸣说得对。《说文》记载：'家，居也。'家的字形就是房子里住着'豕'，豕是野猪的意思。"

鹿鸣继续问道："那，为什么屋子里有一头野猪就能叫'家'呢？"

先生答道："这个问题问得好，说到屋里有猪即为家，我们要从以下三个历史时期来探索'家'的含义。

"第一个历史时期是距今6000多年前的伏羲时期。

"原始社会之居民，先渔而后猎，但是虎豹爪牙太强，人敌不过；鹿兔奔走又太快，人追不上；唯有猪爪牙不锐，行走不快，而且繁殖能力强，一年就可以长大，所以是那时人类最好的食物之选了。把野猪抓到人居住的地方养，就不用东奔西走了，于是家就是人居住的地方了。

"据说这就是伏羲的一大功绩：豢养牺牲。远古时期，以游猎和采摘为生的原始人住在自然的洞穴里，其间食物贫乏，经常不得以为继。《三皇本纪》记载，到了伏羲氏，'养牺牲以庖厨，故曰庖牺'，所以伏羲又称庖牺。远古时期人们杂居而处，也是在伏羲时代，制定了嫁娶制度，并有了第一个礼节'始制嫁娶，俪皮为礼'。俪皮就是一雌一雄两张鹿皮。可见，在伏羲的倡导下，人们有了特定的嫁娶，心就安了。同时在自己的居处又有野猪（代表牺牲）豢养着，食物有了保障，自然就可以居住了。

"'猪'者，住也，豕就变成了猪。所以说，人们称伏羲为人文始祖。的确，这么重要的两步，是我们的祖先文明生活的开始。猪是牲畜中比较好养的，投入少，产出高，所以，在一家一户的小农经济中，猪也是财富的代表。有屋顶遮风避雨，又有一定的财富，构成一个家的物质条件就具备了。也有人认为，'家'是与'野'相对而言的，而猪是驯化得最好的家养牲畜，习性和野猪有明显的区别，所以'家'的最初义实际是与野生相对的家养义。"

杜若问："那为什么'家'里面是豕而不是牛、羊呢？"

先生答道："牛和羊都要放牧，而只有猪可以长期待在屋子里，所以'豕'在十二生肖中为成终成始之'亥'，取其归藏之义。另外，当牛被圈固在'宀'中，就成了'牢'。而养只有放养，'养'的古文是羊字旁一只手拿着竹鞭，这就是放牧赶羊。"

听到这里，鹿鸣恍然大悟："原来'牢房'的牢是这么来的，长知识了！"

小雅想听下面的："先生您继续说。"

先生说："第二个历史时期是3000多年前的商周时期。

"家是一座房子里面一只猪。宝盖头就是指大房子。那为什么房子里面有猪就是家呢？这个家不是我们理解的那个家，在商周时期，家的含义并不当民室讲，而是天子有天下，诸侯有国，大夫有家。古代只有王公贵族有庙，而庶士庶人无庙，祭祀的时候把豕（猪）放于屋下而祭之。

"修身齐家治国平天下，如何齐家？古代贵族最低的标准是什么，有一块封地，这叫家。有了封地，第一件事干什么？放到现在，我们可能马上盖别墅去了。古代人有了封地，先建庙，那个庙叫家庙。建庙就可以祭祀，祭祀的时候会用到猪祭，'天子食太牢，牛羊豕三牲俱全，诸侯食牛，卿食羊，大夫食豕，士食鱼炙，庶人食菜'。因大夫食豕，故为家之特征。'牢''家'的造字都与古代的祭祀有关。甲骨文、金文里都有'家''牢'字，因为古代有大事必祭，甲骨文、金文都是记载大事的。

"'庙'字上面一个'广'，下面一个'朝'。可以朝拜的大房子才是庙。居庙堂之高，庙是祭祀的地方，堂是商讨公事的地方，所以叫明堂。《易经·乾卦》说'大明终始'，乾卦就代表天子，唯天子可以建明堂，建明堂可以讨论天下的公事。天子七庙，诸侯五庙，大夫三庙，士一庙。

"建庙也好，安家也好，对于一个民族、一个家族而言，意义重大。《易经·系辞》说道'安土敦乎仁，故能爱'。'土'指土地，立足之地也，当下能安，即为安土，仁者，生也，如'果仁、桃仁'，此处取'果仁'之'仁'。（参考《中国字Ⅰ》的'仁'字课。）仁为种子，入土乃生，即'安土而敦乎仁'。我们这个民族世世代代都在这块土地生存，逐水草而居，定居才能让人更仁，仁者自然爱人。西方没有这个概念，一直在混战，居无定所的人一定不会心安。所以美国人虽然占领了美洲，但是他们依然不会把这个地方当作自己真正的家。

"《礼记·大同》里讲'男有分，女有归'，归就是家，是安定的、永恒不变的家。建庙建祠堂之后，才有了真正的家，会给后代一种安的感觉。有所来有所去，形成一个完整的循环，这就是历史。家是慎终追远的地方，宗庙、祠堂都是家，是整个家族共同的家，是缅怀祖先、慎终追远的地方，任何时候，不管走到哪里，都不能忘了是从哪出发，家族共同的祖先就是出发的地方。而对于一个国家一个民族而言，我们都是炎黄子孙，伏羲为人文始祖，是我们共同的祖先，黄帝陵、太昊陵，是整个我们慎终追远的地方。"

每次听先生旁征博引地讲这些知识，同学们都听得津津有味。

先生喝了口水，接着说道："第三个历史时期是大地湾时期。

"大地湾遗址，位于甘肃省天水市秦安县，是一处距今约8000年的史前遗址，是中国新石器时代发现得较早的遗址。2006年发掘研究显示，大地湾遗址的人类活动历史由8000年前推前至6万年前。该遗址出土陶、石、玉、骨、角、蚌器等文物近万件，发掘房址241座。

"'亥'加个木字旁为'核'，核里面有仁，仁里面有芽，这个'仁'是一个生命的状态。这就是抱着猪骨头的含义，人死之后手里抱着一个猪的下颌骨，相当于抱了一个核，寄托着将来重生的美好愿望。为什么抱着猪骨呢？在古代天文学上，猪也代表北斗七星（不少出土文物上刻画有猪形的图案），所以中国古代有北斗崇拜。

"甲骨文里面的'猪'的形状，指的是十二生肖最后的那个猪，小篆用'豕'字形也就是十二地支的'亥'。无论是十二生肖中的猪还是地支的亥，都是阴阳和合之义。十二地支里面，子和亥都为水，子为阳水，阳为初，亥为阴水，为隐，人死就为隐。从鼠到猪，从子到亥，猪和亥都是指阴极之时，阴极以待阳生。天地中，家和地是最接近的，所以家是种族繁衍之所。家又是社会中最根本的单元。用科学的比喻，把人看作单细胞，家就是细胞聚合可再分裂的第一所在。用中国古老的易道思维，'天地交万物通，上下交其志同'，而家正是最根本的阴阳和合之地，'男女正，天地之大义也'。

"西方的生命观认为人是独立的个体，而中国的生命观则认为生命是一代代延续的、生生不息的，从小家到大家、从小家庭到大家族、从大家族再到国家都是一个整体，我们都是炎黄子孙。这就是中国人的天下观。"

小雅感慨地说："这大概就是中国式的家族传承吧。"

先生说："现在的人大多数关注的是家庭，而其实家庭是家最小的单位，往上有家族，再往上有家国。孟子说：'天下之本在国，国之本在家，家之本在身。'谈到家族传承，往下能让一个家庭的力量激活，往上能承接国家的能量。俗话说，道德传家十代以上，耕读传家次之，诗书传家又次之，富贵传家不过三代。财富能兴旺一代人，功勋能恩泽五代人，而德行却可以使家族绵延千年不绝。

"家族传承有六大核心，一为德行，二为机遇，三为教化，四为婚姻，五为家风，六为财富。

"有万贯之家财，而能传家业于后世，是为财富，有财富者可行百年；家有君子之风，而能立规矩于门族，是为家风，有家风者可行百年；约婚姻于高门，而能有扬名之时机，是为婚姻，有婚姻者可行百年；有内省之智慧，而能承师教之修学，是为教化，有教化者可行十世；得其时能有为，而能立不世之功业，是为机遇，有机遇者可越十世；修内外之道德，而能立大行于天下，是为德行，有德行者可越千年。"

同学们，"家"这堂课讲完了，你们掌握了吗？我们下一堂课再见！

扫一扫，听语音讲解版

第三课 复（復）

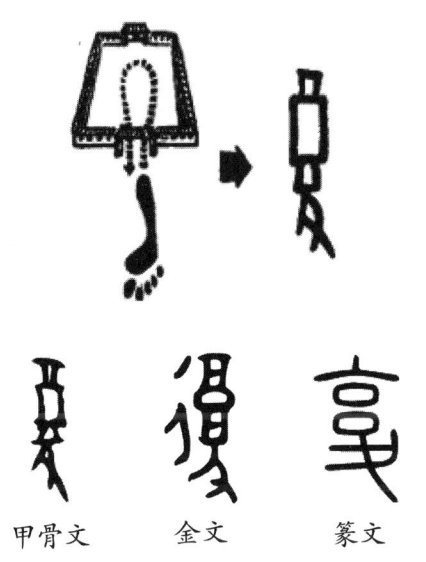

甲骨文　　金文　　篆文

今天学生们到书院来得稍微晚了一点，先生已经坐在讲台后面了。黑板上写着今天要学的内容。

小雅坐下后摆放好文具，抬头看了看黑板，发现上面写着"复兴"的几种古字体，便对杜若说："小若，今天好像要讲这两个字，我们要不要来玩一下学成语？"

杜若兴致勃勃地问道："怎么玩？"

小雅解释说："每人讲一个成语，要带上今天我们要学的字，先从复开始。鹿鸣你玩吗?"

鹿鸣爽快地答应了,于是三个人坐到一起,先由小雅开始。

小雅说:"三番四复。"

杜若接:"复车之戒。"

鹿鸣说:"山重水复。"

小雅说:"现在得加难度了,说出成语后还要讲出处。复旧如初,出自元代戏剧《包龙图智赚合同文字》。"

杜若吐吐舌头,接道:"死灰复燃,出自《史记》,具体不记得了。"

鹿鸣猛抓脑门,苦笑道:"坏了,我只能记得一个,官复原职,出处《三侠五义》。"

小雅笑道:"鹿鸣你接不下去了是吧,那就是你输了,罚你放学了输给我和小若一人一个冰棍儿,怎么样?"

鹿鸣点头说:"行,没问题。"

小雅又说:"那'复'字结束了,'兴'还玩不?"

鹿鸣直接认输:"不了不了,我肯定没你记得多,我直接投降行吧?"

杜若也说:"可投降。"

小雅笑道:"行,投降输一半,那冰棍儿得是奶味儿的。"

鹿鸣爽快得很:"没问题。"

看到学生们玩够了,先生笑着站起来说:"好啦,准备上课。你们也看到了,今天我们就学这两个字。"

"'复'是'復'的本字,甲骨文的字形,上面像一个城郭,下面是一只脚，表示再次来到这个地方。金文的'复'有加'彳'旁的字形，右上面表示的是从中间出来的两个台阶，右下面表示的是脚。合起来就是反复其道的意思了。

"《说文》有'復，往来也'，'復'训既往又来、既来又往，重复、反复之义。段玉裁注：'返，还也。还，复也。皆训往而仍来。'《易经·杂卦传》说：'复，反也。''反'即是返。'复'的意思为返回、回归、还原，反其所始，返本还原。"

小雅提问道："先生，'复'的来源是两种古体字，您能讲讲吗？"

先生点头称是，说："没错，'复'最早确实是两个，一个是我们上面讲的带双人旁的，还有一个是不带双人旁的。

"復从'彳'，即以行而返，行即是动，返则为转，既动又转！字形中间的圆圈，既为古时人居住的'复穴'，即家，也可看成天地之大'道'。在家要出去，出去要回家为'復'；回家休养生息后还得要出去，也是'復'。古人以这样家里家外进进出出而造'復'字，'人法地、地法天、天法道'，由'復'字而引申告诫一切的真理追求非一蹴而就、一次达成，例如孔夫子离开鲁国十四年，周游列国、颠沛流离。

"孔子在《易经·系辞》中三次说到复卦，'复，德之本也'，'复，小而辨于物'，'复以自知'，也就是著名的三陈九卦。复卦作为十二消息卦之一，对应的就是冬至。上古时期，冬至就是过年，可见冬至的重要性。此时大地阳气初生，一阳来复，只不过这仅有的一阳还比较弱小，所以那时先王规定冬至放假，停止一切的活动,好好在家闭关调养,以期待来年的蓄势待发。

"复卦六爻为五阴一阳,圣人看此卦象,以'复'为卦名,深表其义,七日来复(失而复得,需要七天),复其见天地之心,即后天返先天。

复卦(坤上震下)

复卦由阴转阳,正是'返本复始'回归大道本源之义:一阳在下,内卦为雷为动,外卦为坤为顺,动而顺,从此阴阳消长直至'乾'。一阳在下,正是'乾'之潜藏养德之功效。《易经》中,第二十三卦为'剥',到了第二十四卦,一阳往而又来,为'复',剥极必复,此为阴阳生生不息的接点,故'复'又为'来复',为新世界之希望。只要有复卦一阳的存在,培元固本,就有东山再起的机会。

"复为返,究竟复归何处?

"复不是简单的直线折返,也不是一个平面的概念,而是立体的复。

"一是复元:复元即为贞下起元,元为种子的仁,孕育新生命的内核,复意味着重生再造,子子孙孙,生生不息。元为点,因此复元为复于'点'。

"二是复本:物有本末,本立而道生。党的二十大提出中国式现代化必须要扎根于中国本土的文化,才能返本开新,找回核心创造力。树的根为本,树梢为末,本末为线,复本为复于'线'。

"三是复始:事有终始,复始即为终而复始,反复其道,终始循环。终始为圆，圆为面，复始即为复于'面'。

"四是复性：复最根本的就是复性，人性迷失便欲望滋生，重物质轻精神，以致迷失自我，所以复性不是复归人性，而是复归天性，生命的核心价值一旦恢复，才能真正地重放光明，即《大学》所说的明德。构成生命的DNA为双螺旋结构，不是平面的，复性即为复于'体'。

"如此复，点、线、面、体全都囊括，才是真正的'反复其道'，复得都不离道。

"复为往来，究竟如何复？

"《易经》复卦卦辞说道'出入无疾'，复即是在出和入之间，'疾'除了表示疾病之外，还有'快'的意思，'无疾'就是不要图快，'复'只有一阳，力量还很弱小，所以需要不疾不徐以养其微阳而育其生机，这是'入'之无疾；入于内而出于外，但此时五阴在外，即使动也要循序渐进，故'出'也要无疾。这是圣人用'復'卦辞'出入无疾'来指导我们如何践行'復'之意义！且'出入'为'行'，'反复'为'道'，而'復'兼而有之，这也是'反复其道'所蕴含的意思了。

"复就像打太极，出拳虽缓慢，却都是在蓄势。慢慢来，必须由一爻至二爻、三爻、四爻、五爻、六爻，再复归一爻，而不能从一爻至二爻，再回到一爻，反复其道不是朝发夕至，需要一而再、再而三地修正。虽然两点之间直线最短，但是'直'成不了生命，'曲'才能成万物。

"中国文化的数字七。复代表的数字就是七，所谓七日来复，天行也。七是中国文化中非常重要的数字，七跟生命和生活息息相关，逢七必变，七也是自然运行的轨道和宇宙规律。

"除此之外，天上有北斗七星，是观天文定历法的重要依据，分别名为天枢、天璇、天玑、天权、玉衡、开阳、摇光。天上还有重要的四象二十八星宿，四象分别是苍龙七宿、朱雀七宿、白虎七宿、玄武七宿，每一象对应七个星宿。

"人有七窍，是人体头面部七个孔窍，分别为双眼、双耳、两个鼻孔、一个口。人有七情，《礼记·礼运》说道：'何谓人情？喜、怒、哀、惧、爱、恶、欲。七者弗学而能。'中国古典诗词歌赋中，有七言歌行、七律、七绝。七彩分别为'赤、橙、黄、绿、蓝、靛、紫'，等等。

"'复'暂时就讲到这里，下面我们讲'兴'。"

扫一扫，听语音讲解版

第四课 兴（興）

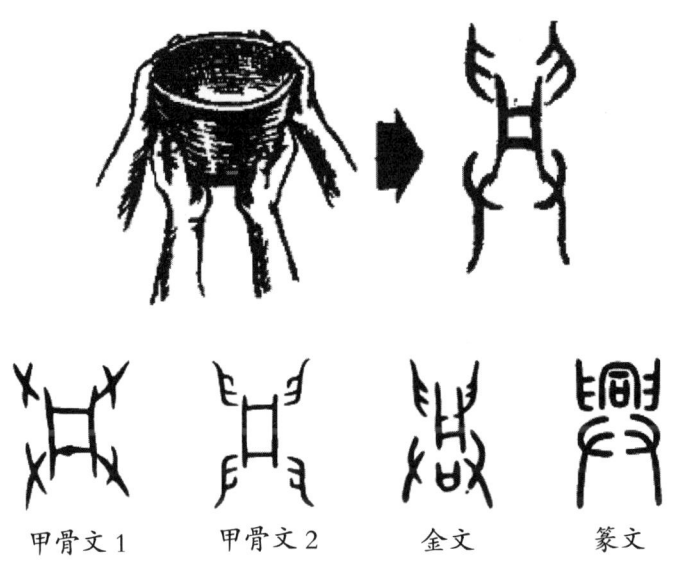

甲骨文1　　甲骨文2　　金文　　篆文

先生问："你们对'兴'有什么认识，可分别讲一讲。"

小雅说："兴有流行、发动、振作等含义，一般都用在正面词语上。"

杜若说："也不一定，有些外来语中，'兴'也会出现在负面词语上。"

鹿鸣赞同地点头，说："小若说得有道理，我也在有些地方看到过，不过总体上在我们自己的语境里，'兴'还是正面居多。"

先生笑道:"你们说得都有道理,兴在中文语境里确实是正面居多,而且这个字还是一个姓氏。

"那我们继续上课,首先还是讲字形。'兴'甲骨文为四只手抬一个器物,文字学家有说是抬'盘',有说是抬'舟',也有说是抬'帆'。后来加上'口',为用口喊,为一起抬东西时发出的声响。成篆体的字形时,中间为'凡'加一'口',楷书为'興',后简化为'兴'。

"字义上,《说文》里有'興,起也,从同,同力也'。从《说文》的解释,众人共抬一物而起为'兴',起身、建立、升起、兴起都是其义。《诗经·氓》'夙兴夜寐,靡有朝矣'、《礼记·乐记》'降兴上下之神'。古代的祭拜礼有'拱手、抚心、高揖、拜、兴'五个步骤,兴就是起身的意思。

"由于是众人合力,故'兴'有兴旺、昌盛之义。《广韵》:兴,盛也、举也、善也。大力发展,使之兴盛,如复兴。

"'兴'表示起始、始创、发起,如百废俱兴。

"由众人抬起一物,又引申为由他事引起此事叫'兴',为'赋、比、兴'三种诗歌的表现手法之一。

"甲骨文的'兴',看起来有点众人扯着中间的布帛或杆子,一起舞蹈的样子,后加入的'口'为彼此应和,故还有高兴、兴致的意思。

"当代中华民族的'复兴'是当代华夏儿女的神圣使命,我们有那么灿烂的文化,故能'复',兴者,新也,想要在新时代兴,就得有所创新。'复兴'之说,'复'为内因,'兴'为外果,所以在'复'上要做好充分的准备，创新的前提是要返本开新，返本复始。复兴绝对不是复古，方式方法形式可以变，以中华优秀文化为依据，进而进行创造性转化和创新性发展，这才是根本的复兴之路。

"兴的中间有个'同'字，兴需要同，在'同'字中，我们讲道'同人，亲也'。从'同人于门'到'同人于宗'，又'同人于郊'，直至'同人于野'，我们十四亿人口、五十六个民族，如此大家庭，只有合众人之力，才能'兴'。

"今天，我们比历史上任何时期都更接近、更有信心和能力实现中华民族伟大复兴的目标。对于有着既悠久又丰盛的历史的民族而言，这就是民族自信，这就是文化自信！"

同学们，"复兴"这堂课讲完了，你们掌握了吗？我们下一堂课再见！

扫一扫，听语音讲解版

第五课　同

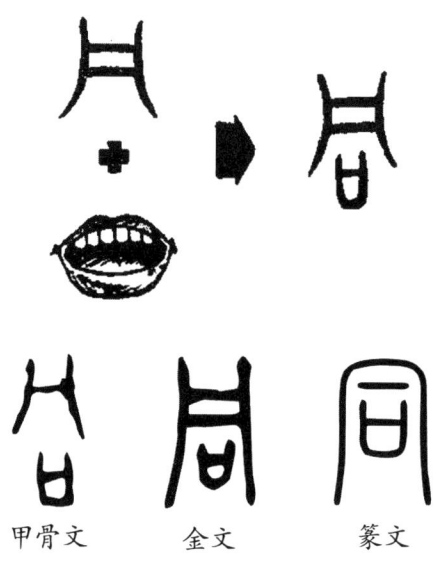

甲骨文　　金文　　篆文

在开始上课之前，先生向台下的学生们抛了一个问题："你们平时都有什么爱好？举出一两个就行。"

小雅的爱好最简单："我喜欢看书，书是人类智慧的结晶，我妈妈总说多读书没有坏处。"

鹿鸣有点不好意思地说："我喜欢玩四驱车，虽然是玩具，但是自己拼接涂色，再上赛道与其他人比赛，让我感觉非常有成就感。每次拼装完成一辆赛车并用它取得胜利，能让我很满足，我喜欢那种被人注视羡慕的感觉。"

杜若笑着解释说："你那叫希望成为全场的焦点。"

鹿鸣竖起大拇指说："你说得太对了，就是这个意思。那你呢？"

杜若捋捋头发，想了想说："我呀，我没什么特别的爱好，就是喜欢收集树叶，小区里的、马路边的，都被我收集过了。我出门旅游都要收集没见过的树叶，我爸出差时也被我安排任务收集树叶。你们知道吗？为了给我收集树叶，我爸和我妈把我收集册的树叶全都拍了照，出门遇到形状类似的就拿出来对比，确定册子里没有就给我摘一片，哈哈哈哈。"

鹿鸣高兴地笑了："你爸妈真好。"

小雅也跟着笑："是呀，若若，你爸妈为了你的爱好这么上心，你真是太幸福了。"

杜若连连点头，笑得更灿烂了。

先生听着也笑了，他说："你们的爱好截然不同，却能玩到一起，倒是有几分'和而不同'的味道。"

鹿鸣问："先生说的是'君子和而不同'吗？"

先生点头说："没错，今天我们就来讲讲这个'同'字。'同'的甲骨文上面为'凡'，表示夯土版筑之型，下面为所出的板砖之类。上面是模具，下面是模具所出的砖坯，用模具做出的砖坯都是整齐、一样的，所以'同'字指子母所出一致。发展到金文，笔势下行，上下两个形状大小差异加大，里面的就成'口'字了，也有人认为'同'是版筑落下'tong'的声音，所

以说'同'又是劳作时众人喊的号子，大家都发出一样的声音，众口同声。

"在商朝，诸侯朝见天子曰'同'。周书记载：'太保受同，祭，哜，宅，授宗人同，拜。'太保从宗人那里接过酒杯，祭酒，尝酒，奠酒，然后把酒杯交给宗人，又拜。故认为'同'还是爵器。

"《说文》：同，合会也。人聚集在一起。段玉裁注曰：'口皆在所覆之下是同之意也。'而现代众家均认为从甲骨文和金文的字形来看，'同'应该是从'凡'从'口'。'凡'是帆的本字，后又引申至凡例之凡，《说文》'凡'训最括、最大限度地囊括，引申为皆字之义。

"《广韵》：同，齐也，共也，合也。《正韵》：同，通也。沟通是为了同。频率相同，想法一致才有可能通。"

先生说完了"同"的释义，接着讲道："同有三种境界：相同—大同—不同。这是'同'的三种'不同'的象，我们分别以三段经典来详细说明。

"'同声相应，同气相求'这句话出自《易经》。原文是：九五曰'飞龙在天，利见大人'，何谓也？子曰：'同声相应，同气相求。水流湿，火就燥。云从龙，风从虎，圣人作而万物睹。本乎天者亲上，本乎地者亲下，则各从其类也。'

"这句话也是2020年江苏高考的作文题。原题：根据以下材料，选取角度，自拟题目，写一篇不少于800字的文章；除诗歌外，文体自选。同声相应，同气相求。人们总是关注自己喜爱的人和事，久而久之，就会为同类信息所环绕、所塑造。智能互联网时代，这种环绕更加紧密，这种塑造更加可感。你未来的样子，也许就开始于当下一次从心所欲的浏览，一串惺惺相惜的点赞，一回情不自禁的分享，一场突如其来的感动。

"这句话是在讲同的第一境界——相同，也是'同'的本意，'同'字的甲骨文和金文，一个表示形状，一个则表示声音。同气相求是形相同，同声相应则是声相同。用模具做出的砖坯都是一样的，就像复印一样。物是如此，人亦如此。人总是喜欢和自己相同的人，拥有相同的兴趣爱好、声气相同、理念接近就容易建立共识，就像'水流湿，火就燥'一样。同而自然有亲，彼此理念接近，自然就有亲和力，亲上亲下，物以类聚，自然就互相吸引。

"相同固然很容易走近，但如果只关注自己喜爱的人和事，久而久之，就会变得狭隘，目光短浅。只关注自己喜欢的人就容易形成党同，党同就容易伐异，铲除异己。此种同终究是小同，要想人生有所突破，必须进入第二境——大同。

"《礼运·大同》篇：'大道之行也，天下为公，选贤与能，讲信修睦。故人不独亲其亲，不独子其子，使老有所终，壮有所用，幼有所长，矜、寡、孤、独、废、疾者皆有所养，男有分，女有归。货恶其弃于地也，不必藏于己；力恶其不出于身也，不必为己。是故谋闭而不兴，盗窃乱贼而不作，故外户而不闭，是谓大同。'

"这是以孔子为代表的中国人的理想！'人不独亲其亲，不独子其子'，这是最具血缘的代表，用我们现代的话叫直系亲属。在两千多年前，华夏先祖就以'同'字展开，对最根本的社会属性——亲、子到财货，对人和物在根本上阐述了我们的理想社会——大同！

"无论是同类还是同族，最重要的还是同人！

"中国最古老的经书《易经》就有'同人卦'，大象辞'君子以类族辨物'。几千年来，中国都是从这个'同'延伸到家、族，以至于国。诸侯朝见天子曰同，同理天子应具通天下之志，故'同人于门'到'同人于宗'，又'同人于郊'，直至'同人于野'，不管对方身份地位如何，富有或贫穷，是读过书的文人或是没读过书的乡野之人，都能与之同。孔子在杂卦传说'同人，亲也'，都是指血脉相连的延伸。

"'君子和而不同，小人同而不和'，出自《论语》。我们继续看同的第三境界——不同。不同不是目的，'同和'才是目的。这句话的意思是君子和周围的人都能和谐相处，但是却有自己独立的思想，坚持自己的德行和价值观，不与世俗同流合污。小人则没有自己独立的思想，不能坚持自己的德行，一味追求和别人保持一致，甚至不惜阿谀奉承，但是心中却没有跟别人保持和谐相处。

"'同'就是要求别人跟自己一样，'和'则是你我不必一样。我们各有自己的特色，就像我们有五十六个民族，尽管文化生活习惯都不尽相同，但是仍然能够和谐相处，和平共存，互相尊重。这个就是'和而不同'。

"小人强求一致，却不调和差异，小人的行为就是排除异己，非要让别人与自己价值观、兴趣相同，即使别人迫于压力和你同了，但其实内心中仍是貌合神离、互相猜忌。'和'比'同'重要，我们不仅追求大同，人同此心，心同此理，更尚同和，求同存异，君子能和不同族类的人共同工作生活，而小人和自己家族里的人都处不好。

"《易经》同人卦讲'唯君子为能通天下之志'。同能通天下之志，能和天下之士，同固然能和，不同仍能和，是谓同和。一个'同'字从产生到运用，正是我华夏民族文化之美的最好体现。大道至简、化民成俗，最终大化同圆！"

同学们，"同"这堂课讲完了，你们掌握了吗？我们下一堂课再见！

扫一扫，听语音讲解版

第六课　演

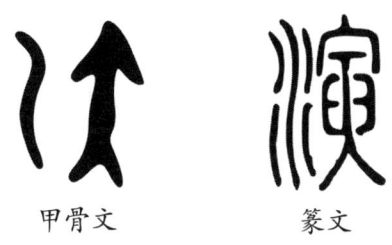

　　甲骨文　　　　篆文

　　今天书院组织了一次观看舞台剧的活动，先生带着书院学生一起去音乐厅看了一场以真实历史故事改编的音乐舞台剧。散场之后，几位学生上了回书院的校车，就开始讨论起来。

　　小雅问杜若："小若，你觉得今天这场演出，给你最深的印象是什么？"

　　杜若答："印象最深的吗？那应该是布景和乐队，没想到现在技术含量这么高，连虚拟投影都用上了，这个布景技术真的绝了。另外，乐队的演奏也很棒。"

　　小雅又问鹿鸣："鹿鸣你觉得这个演出怎么样？"

　　鹿鸣回答道："我感觉演员表演得很不错，但不知道是不是就我一个人这么觉得，他们似乎有'用力过猛'的嫌疑。"

　　小雅解释道："舞台剧的表演风格就是这种夸张的，舞台没有电视电影那样的近景镜头，所以只能用更为夸张的表演来弥补。"

鹿鸣说："那这样的话，我觉得他们演得很不错。"

先生说："其实'演'这个字，最开始并不是用来形容表演的。小雅你知道吗？"

小雅说："我知道一点点，《说文》上讲'演'开始是指水流，后来演变成了模拟、演练的意思。'演'也可以通假'衍'。"

先生赞许地点头说："小雅说得对，甲骨文的'演'，左边为水，右边为矢。'寅'最早和'矢'是同一个字形，后来'寅'假借作干支名，于是在'矢'的基础上加了两只手形。'矢'是箭的象形初文，但是'寅'作为箭杆，最初的本义并非打仗使用，而是用来计算时间的圭表，圭是平放的有刻度的尺，表是直立的标杆，置于圭的两端且与圭垂直。古代社会观天授时是国家之根本，比打猎打仗重要。

"'寅'的本义不是取'矢'的形体，而是取'矢'前进的意义，因为箭是前进的、流动的，就像时间刻度往前走一样。所以演字的本义是前进，是向前流动之意。既然是箭杆，自然就演变成'寅'表示射箭、练兵之意，借代武器、军事。

"水表示流程，所以'演'表示古代模拟实战的流程式军事操练，'演习'这个词也因此而来。如《东周列国志》：'遂使孙武演习水军于江口。'"

鹿鸣暗暗点头：原来演习的演是这么来的。

先生说："《说文》曰：演，长流也。一曰水名，从水寅声。

意思是演指漫长的川流。一种说法认为，'演'是某条河流的名称，字形采用'水'做偏旁，采用'寅'做声旁。

"段玉裁注：演之言引也，故为长远之流。有引领、引导之含义。《尔雅·释诂》：寅，进也。《释名·释言语》：演，延也，言蔓延而广也。

"以上是古文中的释义，那么现代是如何解释的呢？一是遵循内在规律而发展变化，如演变、演化、演进。

"二是依照程式练习，如演习、演练。

"三是在观众面前按照程式说话、再现生活，如演出、演奏、演说、演唱等。这就是鹿鸣所说的那个意思。

"四是在预设中推论，根据事理发挥，如推演、演义。

"五是演通衍，衍生，表示推演、演算。同时，'演'也是姓氏。

"一提到表演，很多人第一感觉就是假的——正所谓人生如戏，全靠演技。如果人生真是一部戏，你最想扮演什么样的角色？学完'演'这个字，我们就应该明白'演'的技术和能力相当重要。不仅仅指表演的技术，更包括演算、演习、演绎、演化、演说等能力。

"演不是空穴来风，是基于事实基础的推演和判断。就像兵棋推演，被誉为导演战争的'魔术师'，推演者可充分运用统计学、概率论、博弈论等科学方法，对战争全过程进行仿真、模拟与推演，并按照兵棋规则研究和掌控战争局势，其创新与发展历来为古今兵家所重视。兵棋是通过对历史的理解，尝试推断未来。通过兵棋推演出来的结果，最终告诉你能干什么和不能干什么。兵棋推演的历史可以溯源到4500年前，中国人开始以使用石块和木条等在地面上对弈的方法演示阵法、研究战争。为什么古人很重视推演呢？《左传》中说道'国之大事，在祀与戎'，祭祀和打仗是国家的大事，所以古人特别重视。

"国家尚且如此，个人也一样。人生就是一场戏，如何演好？那需要拥有智慧谋略和行动，要达到你想要的结果，需要先想象一个演的对象，即对标的榜样，甚至是无中生有的你理想的样子。然后从角色扮演开始，即模仿他。可以说'演'就是学和习的完整过程。模仿需要推演、演算、模拟，比如按照老师讲的步骤演算，按照父母的教导演习，按照榜样的做法演绎，英文中有句话叫 Fake it till make it，先假装自己是，然后按照这样的标准去行事，到最后真的成为这样的人了，这叫演化，演着演着，就化成自己的了。自己做到了，也成了别人的榜样，把自己做到的心得分享给别人，叫演说、演讲。演讲不是乱讲，而是我演我所讲，我讲我所演。

"凡事预则立，不预则废。演是三思而后行，是谋定而后动。如何一步步演变？是演算（推演）—演习—演化—演说（演讲）的完整过程，演算是谋略，演习是行动，演化是结果，而演说是传道。

"演算和演习是学而习的过程，演化和演说则是明明德的过程，自己成为榜样，自己明白了，然后再帮助更多的人明白，这便是《大学》之道的精髓，在明明德。"

同学们，"演"这堂课讲完了，你们掌握了吗？我们下一堂课再见！

扫一扫，听语音讲解版

第七课 孔

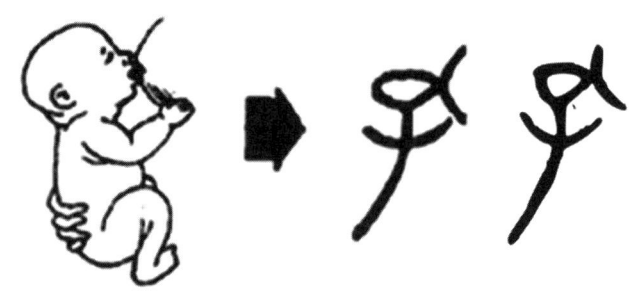

今天书院里好像有些特别,王婶儿早起打扫卫生,先生来了之后也帮着一起打扫,整个书院很快焕然一新。这时,同学们也按时到校上课来了。

鹿鸣对此颇为惊讶,好奇地问道:"今天是什么日子?"

小雅答道:"是孔子诞辰,可我没想到要早点儿来帮忙做卫生,抱歉这次真是大意了。"

杜若不太关心这些,说:"我们快点进去吧,都这个点儿了,别让先生久等。"

看到学生们进到教室,先生早就在黑板上写好了今天要讲的汉字,他指着黑板上的"孔"字说道:"今天是孔子诞辰,我们就来讲讲这个'孔'字,顺便再跟你们聊聊至圣先师。"

看到学生们都很有兴趣，先生高兴地说："我们还是先来解字，谁来讲讲看到这个字的第一印象？"

鹿鸣感觉这个字的金文乍一看很像一只张嘴鸣叫的鸟，但他仔细一想这肯定不对。再好好看看，这才迟疑着举手答道："金文的左边是个'子'，右边看不出来，但整体来看，应该是一个孩子趴在那里做什么。"

小雅和杜若在下面偷偷笑，先生摇摇头示意鹿鸣坐下，说道："鹿鸣基本上看出来了，我来解释一下，从字形上看，金文的'孔'字，是一个婴儿在吮吸乳汁的情景。从字义上讲，有这么几种解释。《说文》里写道，孔，通也。通者，达也。孔道就是通道的意思。还有一种解释是，孔，嘉美之容也，用来形容美好的事物。另外还有一种释义，孔代表大的意思，越大越容易喂奶，如孔硕（硕大的意思）、孔德（大德）。最后，也是最常用的一种解释，孔，窍也、空也。"

鹿鸣问道："先生，'孔'字的演变是什么样的？什么时候变成现在这样的写法呢？"

先生答道："你们看到的这个金文，是西周时期的。它历经了春秋和战国时期，直到汉代才演化成类似现代的写法。字形和字义我们先讲到这里，下面我跟你们讲讲孔子。"

学生们对此很感兴趣，都坐直了身体，翘首以盼。

先生按着讲台，摆出颇为放松的姿势，笑着说道："说到'孔'这个字，就不得不说说孔子了。两千多年来在中国文化历史上，孔子产生了持久并且深远的影响。即使在世界范围内，孔子的影响依然很大。在孔子去世后的两千多年中，孔子及其学说的地位也是起起伏伏。先是遭到秦始皇'焚书坑儒'的打击，后来汉武帝'罢黜百家，独尊儒术'确立其统治地位。魏晋南北朝时期，那时候战乱频繁，国家分裂，一些其他学说，比如玄学等渐渐流行起来，孔子和他的学说受到动摇，地位下降。到了宋朝，孔子地位再次提升。清朝末年，民族危机，西方思想涌入，孔子学说再次遭到批判，后期却又出现尊孔复古的现象。在历史长河中，我们可以看到，孔子有时候被捧到天上，有时候被踩在脚下。

"注意，孔家店不代表孔子——儒家的传承自孔子以后，儒分八儒，已经不是孔子倡导的那个'吾道一以贯之'的儒家了。究其核心原因，乃是大家谈论的孔子其实不一定是真正的孔子：'孔子'，首先是帝王眼中的孔子；其次是文人眼中的孔子——文人对于孔子思想理解的不同，也造成了很多对于孔子的误解；最后才是真正的孔子，一个真实生活的孔子——有喜怒哀乐，也受尽屈辱。周游列国之中，历经匡国之难、削迹伐檀之辱、陈蔡绝粮之困，颠沛流离。只有了解真实的孔子是什么样的，才能真正去接近孔子的思想。

"孔子是有情有义的，灵活而不死板，不是后世文人眼中高高在上的圣人。在《论语》里，孔子也会撒谎，比如在匡国遇难的时候，被要求发誓不能再去卫国，孔子当场发誓，等对方离开后，马上跟弟子说，我们去卫国。弟子就问：'老师，君子不是应该遵守诺言吗？'孔子说：'危难之中被逼的誓言不算数，我们去卫国是为了拯救百姓。一旦发动政变,受苦的还是老百姓。'史学家司马迁是很崇拜孔子的。"

小雅惊讶地问道:"司马迁?是作《史记》的司马迁?"

先生笑道:"对。《史记·孔子世家》最后一段,太史公曰:'《诗》有之:高山仰止,景行行止。虽不能至,然心向往之。余读孔氏书,想见其为人。适鲁,观仲尼庙堂车服礼器,诸生以时习礼其家,余祗回留之不能去云。天下君王至于贤人众矣,当时则荣,没则已焉。孔子布衣,传十余世,学者宗之。自天子王侯,中国言六艺者折中于夫子,可谓至圣矣!'从'高山仰止,景行行止。虽不能至,然心向往之'中,你就能感受到司马迁对于孔子的敬仰,更重要的是对于孔子的理解,他是在用生命去体验孔子的体验。'虽不能至,然心向往之',这句话把文人之间的这种惶惶相惜讲得淋漓尽致,士为知己者死,能够有人懂自己,实在是不容易啊。

"孔子生于鲁襄公二十二年(公元前551年),夏历八月廿七(阳历9月28日),卒于鲁哀公十六年(公元前479年)四月。孔子一生共分为如下六个阶段。潜龙:居鲁求学(1—33岁),凡三十三载。见龙:问礼闻乐(34—35岁),凡两载。惕龙:返鲁治学(36—50岁),凡十五载。或跃:出仕摄相(51—54岁),凡四载。龙飞:周游列国(55—68岁),凡十四载。龙复:删述六经(69—73岁),凡五载。

"孔子最大的价值就是在回国后的五年,删述六经。孔子最伟大的地方,就是制定了教化的总纲,《诗》《书》《礼》《乐》

《易》《春秋》，六经的教化让后世读书人可以有机会去学习天地大道，明白了人也可以通过尽人道而合天道，最终能达到天人合一的境界，还可以在教学相长、学以致用中完成。孔子之伟大，不在于后世所打扮的儒教教主或素王，亦不在于其子孙后世门徒所塑造的万世师表。孔子之伟，在于其面对不可能有所作为的历史时空，却选择了必须有所作为的人生。孔子之大，在于其已经听到了战国时代的鼓角争鸣，却依然选择了用生命去守护春秋之前的文明薪火。

"《礼记·经解》说道：孔子曰：'入其国，其教可知也。其为人也温柔敦厚，诗教也；疏通知远，书教也；广博易良，乐教也；洁净精微，易教也；恭俭庄敬，礼教也；属辞比事，春秋教也。'诗的教育，就是帮助人们养成敦厚纯朴的风俗民情；《尚书》讲的是智利天下的大道，《尚书》也可以当作历史来读，懂得过去才能知道如何引领未来，博古通今的大道就是《尚书》的教育精神；而乐教则是包含了生活中的点滴，不仅有广度更有宽度，更能调和性情，易良就是由不好变好，最后使民风民俗都趋向善良；易教则是打通天地人的管道，能够致广大并且能尽精微；礼教是伦理行为的态度，道德人格的修养，让人谦恭不自我、节俭不浪费、庄重不随意、敬事不马虎；《春秋》让人明白什么是公理正义、善恶正邪，'属辞'就是通过举一件事例或罗列相关事例，加以论断，寓褒贬、别善恶，'比事'就是用天道来端正人道，教化推行而天下安定，这就是《春秋》教化的效果。"

杜若问道:"先生,那我们该怎么去全面地了解孔子的思想呢?"

先生答道:"一提到儒家思想呢,大家可能会把它和孔子画等号,其实孔子是师承文武周公之道,笔削六经,把文武周公之道继续往下传,商朝箕子传武王'洪范九畴'治国大道,周公制礼作乐,所以文武周公之道,学的是商礼,商礼学的又是夏礼,夏礼学的则是更早的圣王之道。孔子是上古圣王之道的集大成者,儒家思想是源于司徒之官,相当于教育部部长,负责教化天下百姓的。儒家思想不仅教育人做君子,还教人怎么去做官。儒家的教育,也可以说是专业的士人教育。古代只有圣王才能给天下立道,道立了才能立教,即施行教化,圣王为了教化而兴办的王官之学,教人用王道和官学来教育天下人,这就是官学。后来王道崩而官学废,天下礼崩乐坏,孔子站出来兴办私学。在王官之学已经崩溃的情况下,如果孔子不去做这些事,王道真的就要亡了,那些典籍就真的要亡了,孔子兴办私学其实是为了复兴王道。

"儒家思想的核心主张可以分为以下六点:第一,以'吾道一以贯之'直接继承伏羲一画开天的天道下贯。第二,以'中庸之道'的'致中和,天地位焉,万物育焉'继承尧舜允执厥中的心法。第三,以'大学之道'的'明明德,止于至善'直接继承周公的礼乐文明。第四,以'诲人不倦''有教无类''因材施教''循循善诱'继承师道,成为后世敬仰的大成至圣先师,万世师表。第五,以'明知不可为而为之'的执着精神立身行道、周游列国，最终成为千古文化的集大成者。孔子之前2500年的文化因他而传，孔子之后到现在2500多年的文化因他而开。第六，以'天下为公'的大同思想为后世指明了人类最终的方向。"

鹿鸣问道："先生，我听人说孔子的理想是想要恢复到上古时期的礼乐制度，是真的吗？"

先生答道："儒家思想的具体治国主张就是恢复王道，即礼乐之制。礼乐的核心就是人伦制度和秩序，是模仿天伦而制的人伦。他们是这样认为的：天上有恒定不动的北极星，天下要有天子对应；天上有日月星辰要围绕北极星运转，而天下百姓也要围绕天子运转，听从天子号令。这就是为政以德，譬如北辰。这套人伦秩序，以'仁'为核心，一以贯之，前面'仁'字中讲过，仁的基础则是自上而下的，上级对下级的仁爱。而'孝'和'忠'的思想基础，是下级对上级的敬爱。

"儒家思想，讲道德，说仁义，讲的就是以人为本，仁者爱人，要维护人伦秩序的纲纪，捍卫礼不容破坏，不容动摇，这便是义。这就是儒家的仁义思想。如果人人都讲仁义，讲忠恕，都能为别人着想，天子也能为百姓着想，民心所向即为天心，这样的社会就是美好的大同社会。正所谓'大道之行也，天下为公，选贤与能，讲信修睦。故人不独亲其亲，不独子其子，使老有所终，壮有所用，幼有所长，矜、寡、孤、独、废疾者皆有所养，男有分，女有归。货恶其弃于地也，不必藏于己；力恶其不出于身也，不必为己。是故谋闭而不兴，盗窃乱贼而不作，故外户而不闭，是谓大同'。

"人类命运共同体——也是在践行这样的大同思想!"

同学们,"孔"这堂课讲完了,你们掌握了吗?我们下一堂课再见!

扫一扫,听语音讲解版

第八课 阅和读

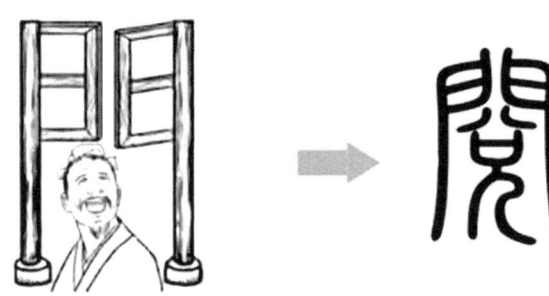

清晨的书院一片宁静，几只小鸟在枝头叽叽喳喳。

鹿鸣和小雅今天来得较早，开课之前便坐在教室里聊天。鹿鸣的爸爸喜欢购买一些国内的军事杂志，因此鹿鸣正在向小雅讲阅兵的趣事儿。这时，杜若垂头丧气地进入教室，引起了其他两位小伙伴的注意。

鹿鸣问道："你怎么啦？像打了败仗的大公鸡似的。"

杜若叹气道："别提了，今天我妈给我一个任务，让我完成阅读理解，还有读书笔记。哎呀，头疼死了。"

小雅关心地问道："有限定目标吗？"

杜若答道："就是没有才头疼啊，那么多书，怎么选嘛。随便糊弄的话，我爸妈怕是要来个'混合双打'。啊！为什么人生如此艰难?"

杜若这么大声嚷嚷,很快引来了先生,不过他没有现身——怕自己出来影响学生交流,便只是站在屋外静听。

小雅在劝解杜若,鹿鸣却没心没肺地开始了他的发散思维,他说:"哎,我发现阅兵和阅读,都有'阅'这个字,可是'读'和'兵'的意思相去甚远,你们说,这是怎么回事?"

小雅和杜若都没有说话,正在思考这个问题。

鹿鸣自己解答起来,说:"阅兵的'阅'应该是带有检阅的意思,但阅读的'阅',难道也是检阅吗?"

先生笑着走进教室,拍拍手掌吸引了学生们的注意力后说道:"'阅'这个字确实有检阅的含义,既然都说到这里了,咱们今天就讲讲'阅'和'读'这两个字。"

一听要上课了,同学们连忙回到自己的座位上,拿出学习用品,做好了准备。

待先生在黑板上写下了"阅"的小篆,粗心的鹿鸣便抢先问道:"这个'阅'字,就是门里面站着人吗?"

小雅纠正了鹿鸣的说法,她说:"那不是人,是兑。"

鹿鸣不好意思地摸摸脑袋笑着说:"我还以为那是个象形,意思是人在门里接受检阅,是我想岔了。"

先生赞许地点点头,说:"小雅观察很仔细,阅这个字,门里面是个'兑'字。不过,鹿鸣说的也有正确的,阅这个字,确实有检阅之意。'兑'是'阅'的主要意义所在,《说文》里讲'兑,说也'。古时的'说'是多音字,有 shuō 和 yuè 两种

读音。《说文》：'说，说释也。一曰，谈说。'而《诗经·毛传》曰'说，数也'。在《荀子》中'诵数'常作'诵说'。所以，述说的'说'就是一件件地陈述。《说文》'阅，具数于门中也'，像在门里清点东西。所以，'阅'的本义是简阅，即今天我们说的'检阅'。《左传·桓公六年》：'秋，大阅，简车马也。'《周礼·春官》：'大田之礼，简众也。'《疏》：'简，阅也。谓阅其车徒之数也。'以上诸例用的都是阅之本义。'简'，取其精华，故说简约、简单、简练。简而列之，供按序浏览，从而验收待用为阅。"

看到学生们听得十分用心，先生高兴地说道："古代简阅或在城内或在庙内，'阅'字从'门'，这个门很重要，强调的是条例和规范。在其本义中，'简'是执行者所为，'阅'为决策者所为。当'阅'引申到逐字逐章地阅读时，和普通的看书不同，看书指的仅仅是眼睛看而已，用上'阅'字时，就应该知道，我们是带着目的、带着问题，要有方向性。当要'阅'的时候，你已经成为那个决策者，是自己思想、知识的决策者。"

听到这里小雅恍然大悟，说："我懂了，杜若的妈妈让杜若自己选择，也就是让她去做决策，这就是'阅'的本义，让杜若为自己选择喜欢的方向和目标。"

先生微笑点头表示赞许，杜若和鹿鸣都没想到原来事情还可以这样解释，尤其是杜若，忍不住说："可我完全没有头绪啊。"

先生解释道："这就是我接下来要讲的，'阅，具数于门中'，强调'数'。'阅'不是看了一本，不是看了一次，所以我们现在说要增加阅读量，'阅'本身就包含了多、广、齐备、完备之意。'阅'的本义有数数的意思，按西方的分化应该属于数学范畴，而在中国人的文化里，却把它用在读书、看书一类，书有回目、章节，本身也是文中有数，所以中国人的学习是一体而多用的，学语文也要用到数学，用上具数的方法，对'阅'一定事半而功倍！

"另外，阅者，悦也。'阅'里有'兑'，兑为喜悦之意，含有'兑'的字基本都有喜悦的意思。所以阅读之前不要忘了调整好自己的心情，喜悦、期待才能达到'阅'的效果。当然，读书也是一件非常愉悦的事，所谓'书中自有黄金屋，书中自有颜如玉'，但是阅读的更高境界在于让自己获得更高的智慧。'脱'也有'兑'部，解脱、脱于蒙昧自然是令人喜悦的事。"

看到学生们都在认真地记笔记，先生欣慰地点点头，慢慢在黑板上写下了"读"的小篆字形。

"大家看看这个'读'字，有什么想法吗？"

面对先生的提问，鹿鸣抢答道："读有言字旁，是表示要用到口，有大声朗读的意思。"

先生笑道："鹿鸣说得对。'读'，言字旁，自然和声音、语言有关。读书又叫唸书，可见'读'和'唸'都首先要用口发出声音。《说文》：'读，诵书也。'诵为朗诵，即为用高低抑扬的腔调来唸。古有讽、诵之类，'背文曰讽，以声节之曰诵'。《诗经·鄘风》有诗句：'中冓之言，不可读也。'《毛传》：'读，抽也。'郑笺：'抽，犹出也。'清段玉裁认为：诵书应为籀书。

竹部的'籀',读书也,籀、抽古通用,所以他认为:'抽绎其义蕴至于无穷,是之为读。''读'的篆体右边是'賣'(𧶠),字形为'宀六囧貝',字形之义就是把好的东西(贝)经过过滤筛选(囧)而提炼出来(宀六)。所以,'读'之本义就是朗诵并有思索。段玉裁曰:'讽诵亦可为读,而读之义不止于讽诵。讽诵止得其文辞,读乃得其义蕴。'"

说到这里,先生停下来让学生们消化复习,并提问道:"你们谁来讲一讲,今天学到了什么?"

还是爱思考的鹿鸣抢答道:"读书要带着目的和方向,有的放矢地去读。"

杜若补充道:"读书,不但要用眼看,还要动口读。多读书,扩大读书量,才能找到自己真正喜欢的东西。"

小雅说:"先生说'抽绎其义蕴',所以我认为读书不能读死书,要勤动脑思考,归纳总结书中的知识,梳理分类然后把它变成自己的知识。"

看到学生们总结得很到位,所谓教学相长,先生那旁征博引的兴致也被引发出来,他说:"一个'阅'字,把阅读的方法、阅读的好处都交代清楚了。当阅读成为词语,它保留着'阅'字中正式的意味:形貌的端正、心情的安静愉悦,同时它也带着清晰的目的和方向。过程中,不仅仅是使用眼睛看,还能用上嘴,即使不发出声音的口型默念也是助力进入书籍内容的好方法。最后,'抽绎其义蕴',即总结所得所获。古人在用字上就教了我们学习方法。这也是汉字的魅力所在。那具体应该阅什么呢？阅书、阅生活、阅人、阅世界，把书中的智慧用到生活中，再通过生活中阅人无数从而更好地阅读世界，最终形成自己丰富的阅历，世界观、价值观。这不是令人喜悦的事吗？"

听到这里，学生们纷纷点头。

先生继续说着："阅读的核心价值，在于塑造一个人的灵魂。如果我们这个世界没有书籍，所有的事都需要自己去经历一遍才能认识，所有的理都需要自己摸索一遍才能理解，那么我们看到的很多奇迹很可能会改写，因为没有办法以史明鉴。没有书籍，我们的思想如何进步？没有书籍，我们的人生如何选择？书籍，就是我们踩的前人的肩膀，就是我们做对选择的钥匙，就是我们把人生活明白的捷径，就是我们一代代人前赴后继、继往开来的明灯！

"很多人说，我读了很多书，为什么人生没有太大转变？读书不是读完马上就会有对应的产出，书中自有黄金屋不假，但是需要通过一个人相应的经历来理解、消化和转化。也有些人说，我读了很多书但都忘掉了，这样意义何在？读书是为了了解别人的世界观，建立自己对世界的理解，从而形成自己的人生观、世界观和价值观。读书不是为了记忆，而是为了理解。不是为了把知识存在自己脑子里，而是形成自己新的认知。这就像电脑的硬盘和CPU的差别，读书不是为了把知识从另一个硬盘拷贝到自己的硬盘里，而是学会算法，然后用自己的CPU重新计算，从而实现对人生的认知、判断和理解。

"阅读对一个人的改变更多是无形的，真正改变的是一个人的气质，是一个人的心智结构，不阅读是一个人，读了很多书则会变成另一个人。阅读的最高境界，在于养成精神气脉，在于成为文化贵族。一个有文化的人到底是什么样的？我认为是教养、气质、关怀、精神、智慧这五种要素的集合。"

杜若说："啊，是了，我妈总说让我向小雅学习，说小雅一看就是很有教养的。先生，教养是这么用的吗？"

先生答道："你母亲说得有一定道理。孔子说'质胜文则野，文胜质则史。文质彬彬，然后君子'。一个拥有良好教育的典型代表就是君子，文和质都恰到好处，才能称为君子。整个《论语》其实都在教人如何成为君子，也就是让人有教养。古代教育的核心在于人格培养，也就是我们今天经常提的立德树人。学完'四书五经'的人和现在的知识教育出来的人是完全不一样的，这种君子之风我们称为'士人精神'。一个拥有良好教养的人，是中庸的、心平气和的，是喜怒哀乐之未发谓之中，发而皆中节谓之和。那为什么有教养的人能够做到中和呢？是文化给人带来'一切尽在掌握'的沉稳和胸怀。相反，一个没有教养的人，心不平气也不和。要么气过剩，就容易盛气凌人；要么气不足，就容易唯唯诺诺。"

鹿鸣举手问道："先生，那气质呢？我爸老说我是只皮猴，没有一点气质，他这肯定是用错了吧？"

先生笑道："气质很复杂，我们用很多美好的词语形容一个有气质的人，气宇轩昂、气度不凡、气定神闲等，这些都是一个有文化的人散发出来的气质，气质是由内而外的魅力、吸引力，是自信、儒雅、从容。'腹有诗书气自华'，书读多了是可以让一个人气度非凡的，这种特质不是随便可以装出来的，而是日积月累，沉淀修养出来的。"

看到鹿鸣一脸失望的样子，先生又说："不过，气质并非一成不变，鹿鸣你性子真诚坦率，虽然性子比较急，但也有自己独特的气质。你不必为此感到低人一等，你父亲只是对你提出了更高的期望罢了。"

安抚了鹿鸣之后，先生又说："说到关怀，一个气足的人才有胸怀去关怀他人，一个气度非凡的人才有能力去心怀天下。古道热肠、待人真诚，这种君子之风就是中华文化所要培养的目标，我们华夏民族所敬仰的往圣先贤哪一个不是心系天下、心怀万邦，从伏羲、女娲到炎帝、黄帝，以及尧舜禹汤、周公、孔子等，这种胸怀让我们中华民族可以薪火相传，让我们中华文明可以生生不息。像小雅就经常关心其他同学，愿意替他人分担烦恼和压力。"

小雅不好意思地低下头说："先生过奖了。"

先生笑笑继续说道："经典之所以成为经典，是因为它影响一个人的精神世界。而这种精神，不是打点鸡血、定个小目标，也不是刺激欲望、激发个梦想，而是耳濡目染、循循善诱，以圣人心为我心，以圣人行为我行，一步步升华的结果。靠励志而产生的目标和梦想，是外在世界的驱动，而精神世界的升起、抱负的产生则是内在小宇宙被点燃的结果。经典里对这样的人的标准定得非常高，不管是《黄帝内经》里讲到的真人、至人、圣人、贤人，还是儒家的圣人、贤人、君子，都是有精神世界的人，都是有大格局、大抱负的人，是对社会、国家、民族有责任心的人。这样的人身上散发着一种气节，国家危难之时是可以随时挺身而出甚至英勇就义的，是心系天下的关怀，是尚和合、求大同的追求。"

他又说："那么智慧是什么？智慧是从书本到人生的实践，是从知识到思想的升华，是从蒙昧到觉悟的蜕变，是从历史到未来的穿越；是从天文到人文、从天伦到人伦的效法，是从普通到卓越、从尘埃变恒星的隧道；是化繁为简、化民成俗、化庸俗为儒雅、化腐朽为神奇的源泉。有智慧的人，不仅可以照亮自己人生的路，还可以照亮别人的路；不仅可以照亮自己时代的路，更可以照见千年万世的时空。"

鹿鸣振奋精神，举手说道："先生！您说的这些，让我想到了我们的革命先辈和英烈，他们的精神世界崇高而伟大，为了保家卫国，振兴中华，不惜抛头颅洒热血，他们是真正的君子！"

小雅也说："还有为国家做出贡献的科学家们，他们的智慧对国家富强、人民幸福起到了很大的作用。"

先生满意地点头说："总结得很好。你们能有这样的想法，让我很欣慰。"

看大家都很兴奋，杜若却抓着发梢尾十分为难，她对先生说道："先生，还请您给我一点提示，让我知道该怎么完成我妈妈给我的任务吧。"

先生并没有直接回答杜若的问题，而是笑着说道："我的老师曾告诉我，读书有三重境界。第一重叫吞，没错，就是囫囵吞枣的吞、鲸吞的吞。而吞书就是把经史子集都拿来读读，不管理不理解、明不明白，先通读一遍，拿出读书破万卷的精神，没有吞的功夫是很难找到自己真正的兴趣点的。"

鹿鸣趁机插了一句："就是加大阅读量！"

先生点点头继续说道："第二重境界就是啃，通过大量地吞，找到自己感兴趣的领域，接下来就是持续在这个领域钻研了。啃就是啃骨头，找到精华的部分，下功夫去理解、去消化，反复推敲直至彻底搞明白。孔子晚年读《易经》，韦编三绝的过程正是啃的极致了。"

小雅也笑着插了一句："抽绎其义蕴。"

先生笑着摇摇头，说道："读书的第三重境界——品。喝茶和品茶是不一样的，喝酒和品酒也是不一样的。我们经常说细品，细了才能品，啃是用功的过程，品是精致的享受，是悠然自得的感觉。就像戏迷听戏的时候，闭着眼睛、打着节拍那种陶醉的感觉。在吞的时候遇到的问题，想办法把它搞明白，这个过程就叫啃，啃完了那个味道还在，回味的过程就是品，只有把天下的酒都喝完了才知道哪种酒好。读书亦如此，读的书多了自然知道什么是宝贝。"

说到这里，杜若总算是明白了，先生的意思是读书容不得投机取巧，没有下苦功是不能得到真知的。想要解决老妈给的任务，还是需要自己脚踏实地、一点点地去接触、尝试、品读，最终找到适合自己的目标和方向。

同学们,"阅"和"读"这堂课讲完了,你们掌握了吗?我们下一堂课再见!

第九课 止

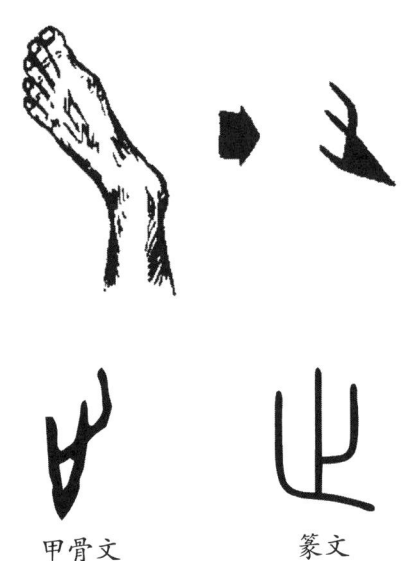

甲骨文　　　　篆文

课间,鹿鸣与杜若聊天。

"你知不知道什么叫适可而止?"

"我今天就要让你知道什么叫适可而止!"

小雅放下手里的书,看着他俩一头的问号:"你们说什么?我怎么听不懂?"

杜若笑着解释道:"是电视剧的台词啦!很搞笑的,那些学员一本正经地说这些台词都不笑场。"

鹿鸣补充道:"没错,而且我爸也对我说过'你小子给我适可而止啊',我一联想这个场景就忍不住想笑。"

小雅搞不懂他俩的笑点在哪,一点儿都笑不起来,转而问道:"那你爸爸为什么这么说你?"

"啊?"鹿鸣没料到话题跳跃性这么大,摸摸脑袋答道,"我记不清了,好像是看我玩什么东西太入迷说的。"

杜若说:"是玩具车吧?我记得你有段时间沉迷搞玩具车组装。"

鹿鸣纠正道:"那叫四驱车!什么叫玩具车?"

"行行行,四驱车。"

小雅问:"你爸爸不喜欢你玩四驱车,不给你买不就行了?为什么要这么说你?"

鹿鸣说:"不买我也能玩啊,我手头的零件够多了,还能自己做小配件,涂色也是我自己做的。可能是那段时间太沉迷了,耽误了功课。我现在不是好多了吗,时间分配非常合理,一点不沉迷。"

听着孩子们聊天,讲台上坐着休息的先生笑了起来,他起身示意到时间上课了,随即拿起粉笔在黑板上写了起来。

"今天我们就讲讲'止'这个字。止是趾的本字,甲骨文的止字,字形就是一个脚掌形状,是包括脚趾在内的整个脚的形状,止的本义就是脚,后来在左边加了'足'字旁,就是现在的趾了,《广韵·止韵》中说:止,足也。而'止'字则引申为停止、结束之意,因为止本来为脚,所以停止与脚有关,脚不前行即为止。不前行还可以代表到了目的地,所以'止'还有达到之意,如止于至善,达到至善这样的境界。

"《说文》有:止,下基也。像草木出有址,故以止为足。止为事物的底基,像草木长出地面有根茎的基址一样,所以古人用'止'表示足。"

先生说:"以上就是'止'的字义。"

鹿鸣问道:"所以说'适可而止',就是适当的时候停下来?"

小雅补充道:"这个词的意思是要有分寸,比方说你玩四驱车要学会合理分配时间,不要一整天都搞这个。"

鹿鸣点头:"那我就懂了,跟我原本的理解差不多,嘿嘿。"

先生笑着说道:"小雅说得对。生活中,学会止的智慧非常重要,《大学》中讲'知止而后有定,定而后能静,静而后能安,安而后能虑,虑而后能得'。止、定、静、安、虑、得,一切都从'止'开始。具体要从以下三个方面学会止。

"一是行止:止起于趾,包含两层意思:一为开始,也就是知道从哪里出发;一为结束,走到终点,止于至善,止于道德仁义等,一个'止'字竟包含了终始循环之意,这是汉字的大智慧。关于止的智慧,讲得最好的当数《易经·艮卦》,艮,止也,时止则止,时行则行,动静不失其时,其道光明。止不是目的,止也不是不作为,而是君子藏器于身,待时而动。时机未到,就不要盲目做事,做了也无结果,而是需要好好地提升自己,否则时机来了,你也抓不住。止是为了更好地行,不管是动也好,还是静也罢,都要起于合适的时间,适时而用,必然符合光明的正道。

"二是思止:《说文》说'止'为底基,我们知道建一座高楼大厦要先打地基,地基就是一栋楼的根基,每一个建筑在建造之前必须要打桩夯实。打桩夯实就是让土地的承载力变得更大,是大楼屹立不倒的基础。对人而言,底基也可以理解为底线思维或者底层逻辑,一个人立身处世,以什么兜底,以什么打地基才能让自己更好地立身处世。我们需要首先思考什么不能做,什么话不能说,要在思维层面知道'止'什么,止是为了更好地出发。此外,《易经·艮卦》讲,君子以思不出其位。不出位即为止,君子要懂得所思所虑要抑止在适当的场合,不超越本位,万物各有其所,得其所则止而安,每一个起心动念都要合乎道义。

"三是心止:止的是欲望之心,这是每个人一辈子都在修炼的,心之所安为止。欲太多则心不能静,心不静则慧不生。欲多则心神散乱,心散则意志衰弱,志衰则思不达。只有去除多余的欲望,心如止水,才能思虑通达,才能更好地成就人生。大多数时候人是在和欲望做抗争,想要去控制它,就像除杂草一样直接拔掉。最后发现,杂草还是继续长出来了;只有在上面种上新的庄稼,才不会有杂草。欲望就像杂草,你烧也好,拔也好,它总是野火烧不尽,春风吹又生,唯一的办法,就是用新的正念代替它。这个念头就是志向,志有定向,止掉其他跟志向无关的,定在这个志向上,然后花一辈子的时间去努力践行。

"诗云：'缗蛮黄鸟，止于丘隅。'子曰：'于止，知其所止，可以人而不如鸟乎？'

"这句话的意义是：'鸣叫的黄鸟，只栖息在山丘上。'孔子说：'小黄鸟栖息在山丘上，是它知道它应该停留在什么地方。难道人还不如鸟吗？'鸟所当止的是林木，人所当止的是至善。孔子是在借鸟以警世人。岂止是鸟，当狮子吃饱了，即使身边有猎物它也不会捕杀，自然界的动物都知道适可而止。唯独人欲望最大，吃着碗里的还想着锅里的，有钱了还想钱再多点，好像什么时候都不会满足一样。东西多了就会成为一种消耗和负担，即使面对金山银山也不会真正快乐，学会止，人生才能真正幸福。"

同学们，"止"这堂课讲完了，你们掌握了吗？我们下一堂课再见！

第十课 定

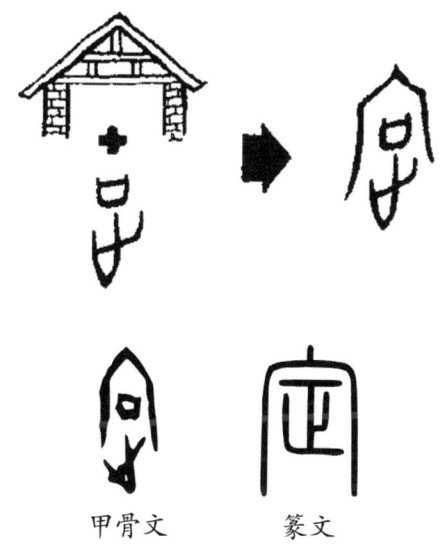

甲骨文　　　篆文

课间休息时学生们闲聊天，谈起他们最近正在看的书。

杜若说："我在看海明威的小说，《永别了，武器》。"

小雅说："看小说是挺好的休闲方式，我正在看路遥的《平凡的世界》。"

鹿鸣说："因为电视台又开始重播《西游记》，所以我从旧书里翻出这套《西游记》来看。"

杜若好奇地问："你看到哪里了？"

鹿鸣答道:"第五十九回,唐僧一行人到火焰山了,猴子被芭蕉扇扇飞,去借定风丹。"

杜若突发奇想:"你说定风丹到底是什么原理?"

鹿鸣摇头:"我哪知道呀,我要懂这个,不得拿个诺贝尔奖?"

小雅猜测说:"有可能是某种场效应,比如排斥或静止场。"

鹿鸣听不懂小雅说什么,苦笑着说:"你讲得太高端了,我现在的苦恼不是什么原理,是昨天我妈说我没个定型,你们知道什么叫定型吗?"

小雅说:"有没有一种可能,你妈妈觉得你太浮躁。"

杜若笑道:"那是很有可能呢,鹿鸣有时候坐不住,还影响我们学习。"

鹿鸣不服气地说:"杜若你还说我,你有时不也看会儿书,就东张西望吗?"

杜若不好意思了:"你乱讲,我根本没有东张西望,你……你才东张西望,我要给你来个定身术,把你定在那里,好好看书。"

鹿鸣说:"那我先给你定住。定!"

杜若反击:"定!定!定!"

"幼稚。"小雅无奈地摇摇头。

最后还是先生制止了两人的"幼稚"行为,他说:"你们今天对'定'很有兴趣,那我们就来讲这个字吧。

"甲骨文外面是个房子,房内上口下止,就是正字,在室内不偏不斜即为定。《说文》:定,安也,引申为确切的。'定'字的本义为安定,定居,安定可以发展生产,使社会文明进步。

"定，正也，凝也。正，息也，引申为使不动、使不变。如定稿、定心。因'定'字下面为正，还记不记得以前我们讲过的，'正'字有征战之意，表示结束征战，归家安居度日，踏实歇息。

"定：星宿名，营室也，是由室宿和壁宿组成。营就是军队驻扎的地方，借指按编制集体生活的地方，如营地、营房、军营等。室就是房子，居室。

"为什么营室又叫定星呢？其一是因为《尔雅》中'定'是指锄头一类的工具，其二是四四方方的营室是确定南北方位的参照。

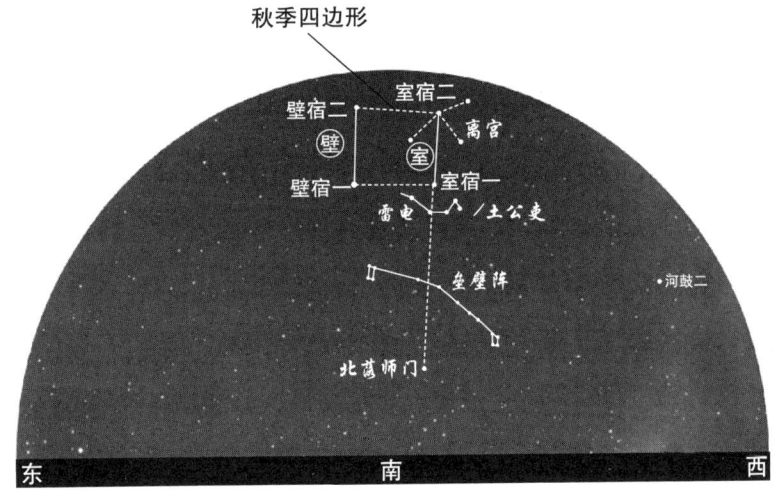

秋季四边形

"人文从天文中演化而来，要想弄透彻文化，必须先了解中国古代天文的知识。（可以参考绘本《天空的旅程——陪你一起看星星》。）

"《诗经》中也有很多是描述天文的，比如《鄘风·定之方中》

'定之方中，作于楚宫。揆之以日，作于楚室'，意思是十月定星高挂在正南空，建筑楚丘新王宫。测度日影定方位，大兴土木造宫室。

"为什么要在立冬后修建房子？此星昏而正中，夏正十月也，于是可以营造宫室，故谓之营室。每年十月十五至十一月初这段时间，定星在黄昏时出现在正南天空，其形状方正似口，犹如明堂，营室星与紫微星南北相望，可以确定北极星的位置与南北方向，所以营室星也称为定星。此时正值初冬，农忙季节刚结束，而天气又不是太冷，所以适合征调人民为朝廷服劳役，修筑新的宫室。

"中国人的宇宙观把天上的星象与人间秩序对照，天上紫微宫，地上紫禁城。天地定位，定位最重要的是南北，南北为经线，东西为纬线，经线不变，所以古代的书称为经典。同样，星空中南有明堂，北有紫微，南北呼应。

"定星的原型乃是明堂，这个方方正正的殿堂，就是太庙，是天子祭祀之地，召会诸侯之所，是太史长驻之地，更是整个国家的秩序中心。因此，古人仰望星空时，看到定星，心中充满了敬仰，所以祈求它明亮长久，亘古不息。

"为什么定星会让人安心呢？明堂是神圣的地方，是重大决策之地，我们现在说神机妙算，其实'妙算'最早是'庙算'，庙算是在春秋战国时期中国最古老的一种战略决策形式，是安邦定国的重大谋略。自夏朝开始，国家凡遇战事，都要告于祖庙，议于庙堂，后来成为一种固定的仪式。庙算好了，国家强盛,百姓自然安居乐业。

"《孙子兵法》说道:'夫未战而庙算胜者,得算多也;未战而庙算不胜者,得算少也。多算胜,少算不胜,而况于无算乎!'意思是开战前,就已经通过庙算充分估量了有利条件和不利条件,开战之后就往往会取得胜利;而没能进行周密庙算,很少分析有利条件和不利条件,开战之后往往会失败,更何况开战之前无庙算呢?

"知止而后有定,出自《大学》。定位的核心是首先找到一个锚定的对象,这个对象非常重要,如果它是运动的或者变化的就很难锚定,所以必须选择静止的或不变的。星空中有一颗最重要的星,就是我们所熟知的北极星,又称北辰、紫微星,是最靠近北天极的一颗恒星。因地球的自转,而北极星又处于天球转动的轴上,它相对其他恒星静止不动,所以可以用它辨别方向。

"而北斗七星的位置(包括其他恒星)则会随着季节的变化发生变化,看上去就像在旋转一样。所以,古人就把这颗不变的星看作中宫、帝星,命名为'紫微'。

"现在大多数人可能说不出全部二十八星宿的名字,但是一定知道北极星、北斗七星,因为太重要了。定好位了然后观象授时,指导农耕——北极星先定位,然后北斗星就可以定时间了:斗柄指东,天下皆春;斗柄指南,天下皆夏;斗柄指西,天下皆秋;斗柄指北,天下皆冬。

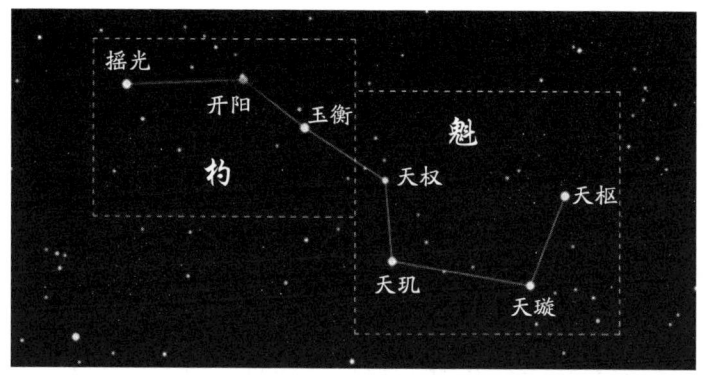

"《大学》中说道'知止而后有定','止'就是北极星,静止的。'定'就是定星,与北极星南北相望,老百姓以之为锚定可以确定方向。

"《论语·为政》第一句话就是'为政以德,譬如北辰,居其所而众星共之'。为政之道,在于以德治国,就像北辰一样,众星都是围绕着它转,一个国君有德了,百姓也自然拥戴他。

"不光为政以德,还要为人以德、为事以德、为学以德,做人做事做学问都要先找到一个锚定的榜样,而不是很多,很多就无法聚焦无法参照了,这个就是'止',止于一为正。古人认为,在天为北极星,北极代表的是道;在地为海,所有的水最终都将汇入大海;在人为圣人,圣人是悟道之人、大德之人,以圣人为榜样,止于圣人,自己的内心自然能够定住。

"所以,知止而后有定,止就是不变的——就是《道德经》里面讲的亘古不变的常道,只有找到这个止,找到这个常道,一个人才能真正定住。

"以道为锚定而不是以器为锚定,形而上者谓之道,形而下者谓之器。以天地为锚定而不是以个人为锚定，以圣人为锚定而不是以小人为锚定。

"何为立定呢？找到锚定的对象（止），一个人才能立定，也可以理解为立一个定，先有定后有立，只有先定住后才能立住。孔子说'吾十有五而志于学，三十而立'，志于学就是定在学上，只有年轻的时候定住了，30岁的时候才能立住。

"我们经常说定能生慧，将自己的目标定在圣人上，学习圣人为人处世的智慧，凡行事以圣人心为我心，以圣人行为我行，时间长了自然会越来越智慧。为什么很多人会被骗呢？因为不定，不定就是这也想要那也不愿意放弃，不知道止。有欲望就不定，不定就容易被骗。"

同学们，"定"这堂课讲完了，你们掌握了吗？我们下一堂课再见！

扫一扫，听语音讲解版

第十一课　静

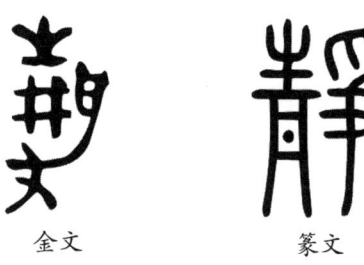

金文　　　篆文

　　课间，学生仍在默默看书，杜若觉得有些累了，放下书揉揉眼睛，打算稍稍休息。

　　杜若注意到小雅似乎想着什么心事，就想着逗一逗她，于是对鹿鸣说："鹿鸣你别看了，休息会儿，劳逸结合。我问你个事儿。"

　　鹿鸣放下书说："什么事，你说。"

　　杜若甩甩头发，笑着说："如果让你形容我，你会说什么？用两到四个字。"

　　鹿鸣忍不住笑了，说："啊？就这？两个字，安静。"

　　杜若气笑了，举起拳头在鹿鸣胳膊上捶了一下："你这嘴真欠。那你形容一下小雅。"

　　鹿鸣笑道："改一个字就行，文静。"

小雅听到了他们的对话，转头说："其实我的名字差一点就是小静了。"

杜若问道："那你怎么叫小雅了呢？"

小雅说："妈妈说'静'太一般了，她觉得'雅'更好，爷爷奶奶都支持妈妈，所以就叫这个名字了。"

"雅"这个字到底哪里好，三位学生不是很清楚，于是向讲台后面坐着的先生请教。

先生说："就名字而言，'雅'确实要好一些，'雅'有高尚和美丽的含义。不过'静'这个字也不简单，我们今天就讲讲这个字吧。"

先生在黑板上写下"静"字的几个不同的古体字形。

"金文的'静'字，由'青'＋'争'组成，青即纯洁、无污染、无杂念，青就是从丹炉中提炼出来的。我们经常说炉火纯青，最纯的火苗就是青色。'争'为极力实现，表示极力去除杂念，清心寡欲，使之纯洁、无污染，比喻不受外界干扰而坚守初心本色。丹青也是丹心，不忘初心为静，静方能善始善终。

"《说文》曰'静，审也'，自审内省之意。徐锴曰：'丹青，明审也。'明审，青色明显易辨，色彩分明，判断分析明辨之意。审完才能谋，故《广韵》中说，静，谋也。每遇事先静而后谋，先谋而后动。平静才能谋定，谋定才能成事。

"除此之外，《广韵》中说，静，安也、和也、息也。内心安定，杂念停止，整个人处在一个和谐的状态。古代'静'和'净'通用，指水清澈没有被污染。后来分化为两个字，'静'

表示没有被扰动——心之美好状态,'净'表示没有被污染——水之美好状态。

"静不是不动,是少动,是不妄动,是一种从容的状态。止才是不动。走路跑步是动,坐在那里一动不动是静,却不是真的不动,因为你在呼吸,心在跳动。如果呼吸心跳都没有了,就是生命走到尽头,这个就是止了。这是动、静、止三者的区别。

"《管子》说:'天主正,地主平,人主安静。'静这个字,青是'清'省去三点水,争是'净'省去两点水,静即清净。水止无波谓之静,心净脱尘谓之静,声停音息谓之静。心静才能明理,水静方能鉴物。身心清净就是完全放下的状态。静,不是无作为,而是去沉淀。静是一种高深的境界,人生,因静从容;岁月,因静美好;思想,因静致远。

"静是除去多余的动作、欲望、念头,只保留最纯的。脑子里面一个杂念都没有,甚至杂念的意都没有。这个靠什么才能实现?争!青在五行中为木,代表东方,代表希望,代表生生不息之象,故青色能使人心安,青能熄灭人之争心,熄争曰静。越是争越需要保持静,就好比此时无声胜有声一样。'道常无为而无不为',遵循自然之理,顺应自然的运行才能真正有所为。

"一个人何以能静?不惑于欲,无所欲。比如你坐在那里闭目养神,看似是静下来了,其实内心各种念头萦绕,各种念头在搏斗。为了占据你的心神,你拼命地想控制自己不去想,想灭掉各种念头,这个不就是争吗?但是往往事与愿违,一念灭转而一念又起。如何才能做到没有杂念呢？只能是与杂念不断地搏斗，用自己的正念纯念去压倒邪念歪念。

"《诫子书》讲静以修身。我们来看看具体如何才能静以修身。《大学》里说'定而后能静'，其实对于大多数人而言，是很难做到静的，因为自己不够定。身不定，心不定，神不定，所以心神不宁。只有人生有了定向之后，意志坚实，心中妄念不生，不为外物所动，才有可能清净而自然。

"静包括身静、心静和神静。

"身静：以静修静。比如在一个安静的环境自然更容易静下来，或者做一些静的训练。

"心静：以动修静。在安静的环境，人自然而然就能静下来，一旦环境嘈杂很多人就开始烦躁了，心就静不下来，心猿意马，所以要学会从动心的现象和思绪中修静心。

"神静：《黄帝内经》中说道'静则神藏，躁则消亡'。心静方能凝神，聚精会神则万事通达可为也。很多人为什么很难集中注意力？是因为没有办法凝神。哪些动作可以养神呢？可以试试闭目养神或者静坐收神，因为人的眼睛总想看点好看的东西，看多了都是在耗神，试着让自己的节奏慢下来，让自己的欲望少一点，心安静则神明荣。"

同学们，"静"这堂课讲完了，你们掌握了吗？我们下一堂课再见！

扫一扫，听语音讲解版

第十二课 安

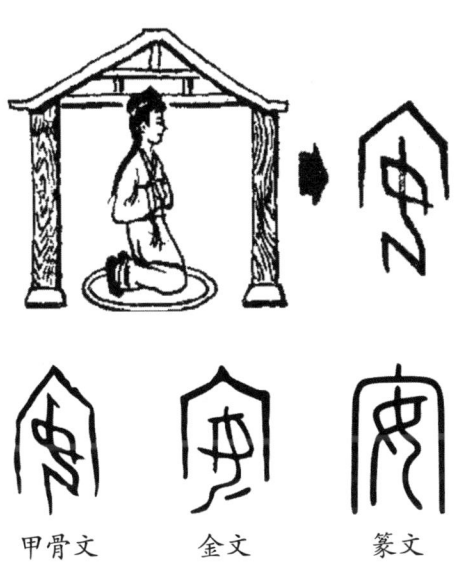

甲骨文　　金文　　篆文

"小雅你看，鹿鸣坐立不安呢。"杜若小声说道。

"你问问他怎么回事。"

"哦，好。"

谁知道鹿鸣耳朵够灵，他摆摆手说："我哪儿坐立不安了？不要乱说！"

杜若哈哈笑道："一会儿摸脑门，一会儿摸后脑勺，一会儿抓下巴，你说这不叫坐立不安？！"

鹿鸣说:"你就乱用成语吧。"

小雅问道:"到底怎么啦?"

鹿鸣答:"爷爷要抽查功课,看看最近我跟先生学得怎么样。"

杜若问:"这么紧张?"

鹿鸣嘴硬:"你哪只眼睛看见我紧张?不要乱说,没有的事。"

小雅笑道:"你呀,还是诚实一点吧。"

鹿鸣没辙了,摇摇头笑着承认:"行吧,那我确实有点紧张。"

杜若问:"你平时都认真学习理解了的呀,为什么紧张啊?"

鹿鸣说:"我很在乎爷爷对我的看法,所以紧张。"

小雅笑着说:"我也是,我很怕妈妈对我失望。"

杜若若有所思地点点头,忽然想起什么事又兴奋起来,说:"鹿鸣,你承认你坐立不安了吧?"

鹿鸣一脸无奈地说:"乱用成语,你还不承认。我问问你,你知道坐立不安的'安'是什么意思吗?"

杜若不屑地笑道:"看不起谁呢,是安定的意思啊。"

鹿鸣又问:"那你知道'安'这个字到底有多少种意思?"

"啊,那我还真不知道。"杜若摇头,"你知道?"

"我也不知道。"

杜若站起来快步走到讲台边,对先生说:"先生,您知道这个问题的答案吧?能讲讲吗?"

先生缓缓放下手里的书,细心地夹上书签,抚平褶皱,好好地放在讲台上,这才答道:"那我们今天就来讲讲'安'这个字吧。"

杜若欢快地回到座位，其他人也收拾好书桌，做好了听讲的准备。

先生在黑板上写了几个不同的古体字"安"，然后说道："我们先来说文解字。你们看，在一个房间里，一个女子侧面坐着，表示安静、安定、安详、安宁之意。《说文》：安，静也。人在外动多于静，在家静多于动。《尔雅》：安，定也。

"安定：古代社会盖新房、娶媳妇是男子一生中重要的两大任务，这会直接深刻影响到个人的心理状态，成则安居乐业、内心安定，不成则内心焦虑不安。

"安全：'安'字反映的是古代社会的抢亲制度，远古社会中不同部族之间不通婚。但是女人是氏族的根本，怎么办？只能去别的部族抢了。所以女子待在家中不会轻易被抢走，只要有女人在，氏族就会重新发展，持续繁衍下去。有后代就有希望，家族才会生生不息，这是最根本的安全感。

"安宁：生活安定了，心也容易安静下来，就会有安宁的感觉。所以古代称娶亲成家、专心度日为安，生活富足、内心愉快为宁，安是宁的基础，宁是安的高级境界。

"从前面讲的三个'安'可以看出，安定是盖房娶亲，此为安身；安全是家族能够传承，生生不息，此为安心；安宁是生活富足，内心愉快，此为安神。先安身，再安心，最后才能安神，三安皆备，是为大安。

"安土重迁。中国古代社会以农业为主，特别注重土地、农耕和定居构成的生活方式，从而形成了安土重迁的文化心态。

《汉书·元帝纪》云：'安土重迁，黎民之性；骨肉相附，人情所愿也。'安是安心、习惯、安于，土是本土，重是慎重，重迁就是难迁，中国人历来倾向于长期定居的生活。中国的农业文明倾向于固守，而西方文明是基于海洋文明的文化形态，倾向于流动。

"中国人的安全感也来自土，木火土金水五行中，土在中央，主孕育，代表了大地的坤德，中国人效法大地的德行，厚德载物，爱护万物，这就是最大的仁。所以，古人认为土地是财富的根本，有钱了都愿意置办田产。相比于西方人热衷于投资金融这样虚的产品，我们中国人更愿意投资钢筋混凝土的房产。

"几千年来，我们受'安土重迁'的文化思想影响，它已经深深植根于我们的意识中，比如经常坐高铁，你可能会有这样的体验：你的座位旁边有人，但是后面空了好几排，这个时候你可能很自然地想要坐到后面去，因为更宽敞。但每到一个站点的时候，你的心可能都会不自然地紧张一下，这个位置会不会有人上来坐？到了下一站的时候，你又开始重复这样的念头，无法心安。直到你重新回到自己的座位，这个时候你才发现，你的心是最踏实的。这就是在自己的位置上才能带来的安定和踏实，它其实就是我们安土重迁思想的一个缩影。就像自己的家一样，可能虽然只是个小窝，却能让你安心。

"《大学》里讲'静而后能安'。'知止而后有定，定而后能静'，一时的心定和心静容易达到，持久的定和静就很有挑战了。安指的是身心都处在安泰的状态,没有疑惑没有任何恐惧。"

同学们,"安"这堂课讲完了,你们掌握了吗?我们下一堂课再见!

扫一扫,听语音讲解版

第十三课　虑

金文　　　　篆文

休息时间，鹿鸣拿出彩色硬纸，还有剪刀等工具，专心地做着手工卡片。

杜若好奇地旁观了一阵儿，忍不住问道："你这是做什么呢？"

鹿鸣答道："给我一个朋友做一张祝福卡片。"

杜若问："你这个朋友怎么了？"

鹿鸣叹着气说："他病了，要休学一学期。我想给他送一张亲手做的卡片，祝他早日康复返回学校。"

杜若抓抓脑门，问道："为什么要休学一学期？"

鹿鸣说："说是'思虑过多'。"

听到这儿，小雅放下手中的书，主动解释道："鹿鸣你说的这个我听过，我有个朋友以前也是这样的症状。就是想太多，事情还没发生就先感到悲观，甚至产生了自怨自艾的情绪。"

杜若惊讶地说："这么严重吗？"

小雅答道："这种症状如果不排解处理，很可能变成抑郁症，那时候就更难办了。这需要家长和老师、同学的理解和宽容，现在很多人并不理解抑郁症，这才是最大的问题。"

鹿鸣摇摇头说："我先把卡片做好，写上我的祝福，明天他可能就要离校。"

小雅从抽屉里拿出一套彩笔，说："用这个吧，你那个黑色水笔写上去不好看。"

杜若没有工具可提供，就趴在书桌边给鹿鸣出主意。三个人同心协力，很快就把祝福卡做好了。

看到学生们的活动结束了，先生站起来宣布上课。他说："同学们刚才你们说到思虑，这个'虑'跟我们讲过的'定'也有关系，心思定下来了就不会焦虑。那我们今天就来讲讲'虑'这个字。

"'虑'的金文字形，上面为'吕'，下面为'心'，'吕'像人或动物的脊骨，一块接一块地连成一串，引申为思考是连贯的。篆文从思，像脑和心。上面的虍（hū）指虎纹，表示思考应条理清晰。

"《说文》曰'虑,谋思也',谋划思考之意。篆文'虑'的下面为思,即虑本于思,指的是更远更深刻的思考,而不是一般泛泛的思考。如深谋远虑、殚精竭虑等都是这层意思。

"深思远虑:因思而远慕谓之虑。《黄帝内经·灵枢》说:'心有所忆谓之意,意之所存谓之志。因志而存变谓之思,因思而远慕谓之虑,因虑而处物谓之智。'从这句话看来,思是源于志,志则是储存的记忆,所以思是基于对过去发生的事的总结和思考,侧重于思考的深度。虑是将来时,还未发生的,谋划当然是为了将来而谋划,侧重于时间的跨度,叫作因思而远慕。

"深思熟虑:金文'虑'上的'吕'为阴律,我们说阴阳而不是阳阴,因为阴比阳大,阴能生阳,而阳不能生阴。虑,是思考到阴阳的层面。事物起步阶段为阳,成熟阶段为阴,要考虑到事物成熟后的阶段,比如打仗,从战略规划到战术都要考虑周全,除此之外,还要沙盘演练,把各种情况都考虑进去,顺利的情况如何打?逆风如何翻盘?这个才叫虑。

"战国时期赵括纸上谈兵,最终误了整个赵国。我们都认为是因为赵括在空谈理论,没有实践而导致了他的失败。

"事实果真如此吗?诸葛亮在出山之前也没有任何实操的经验,为什么诸葛亮一出山就能打胜仗呢?核心不在有没有实践上,而在于赵括是思,诸葛亮是虑。过去发生的事是定数,而未来的事情则充满了变数。虑指的就是把过去发生的定数和未来时空的变数都考虑进去,推演各种可能性,然后才能在瞬息万变的战场上最快速地找到最优解。缺少了虑这一关键环节，我们每个人读书读到最后都可能变成赵括。

"过滤：虑，过滤也。金文'虑'下面为'心'。过滤就是过滤掉多余的欲望，'虑'是知道你到底要什么，哪个是最重要的。这些考虑清楚了，就不要在意那些不重要的。

"古代的读书人可以不懂修水利，可以不懂怎么种田，但是他们必须懂圣贤书，因为圣贤书里是教人'以百姓心为心''民心所向即为天道'。当年苏东坡做官就守着一件事：所做的事儿到底对老百姓有没有利？是不是全心全意为人民服务？为了百姓即使被贬也无所谓。

"汉武帝是很聪明的，他知道这辈子的使命就是打下一个大大的帝国，什么都阻挡不了他开疆拓土的意志。他晚年的时候发了一个轮台罪己诏，'我这辈子的使命是打仗，孩子们你们的任务不是打仗，你们的使命是守着这个家业'。汉武帝真正能虑，思路很清晰。

"'发虑宪，求善良，足以謏闻'出自《礼记·学记》。《学记》第一段讲的是王的三步走战略规划。射箭之前叫发，'发'就是准备做事。'宪'是根本的意思。'发虑宪'意思是，不管什么事一定要考虑到根本。

"'求善良'，王要治理天下必须依靠贤良来辅佐，一个王事必躬亲地治理天下往往结果都不太好。当年唐太宗得天下之后就跟大臣讲：'你们说一说我跟隋文帝、隋炀帝有什么区别？'大臣说：'你比他们厉害多了，你才华横溢。'李世民说：'我跟他们最大的区别是他们事事都自己干,所有的文件全部批。而我信任你们,你们的心跟天下老百姓的心是通的,你们怎么做我就怎么批。'天下不是亡在隋炀帝手中的,而是在隋文帝手中已经乱了。所以李世民懂得做王的核心原则——求善良,有一堆贤臣辅佐他。他要做的就是把准方向,时时刻刻不忘初心。

"《大学》曰'安而后能虑'。要达到虑的境界,需要心中知止而后定,人能定,就能静而不躁动,心安之后,不仅能够除去纷扰之虑,还能生发智慧,聪明睿智皆由是出,进而可以更好地谋定而后动。止、定、静、安、虑、得,这六步功夫其实是做人做事成功的诀窍。

"另外从中医角度来分析,心静而安即是心气和的表现,心主神明,心含君火。若心能静能安,则自然能主神明,君火自然明亮,聪明睿智即自然透出,此为安而后能虑。"

同学们,"虑"这堂课讲完了,你们掌握了吗?我们下一堂课再见!

第十四课 得

甲骨文1　　甲骨文2　　　　金文　　　　　篆文

上课前,小雅发现鹿鸣闷闷不乐,她用胳膊肘顶顶坐在右边的杜若,暗示小若同学问问怎么回事。

杜若转过身发现鹿鸣低着脑袋,目光盯在眼前的书本上呆滞不动。

"鹿鸣,你怎么垂头丧气的?昨天又被'混合双打'了?"

鹿鸣还在嘴硬:"没有啊,你哪里看见我垂头丧气了?"

杜若笑了:"就你,还想装?你前面这本书已经五分钟没有翻一页了,眉毛都快耷拉到眼睛下面去了,嘴噘得老高,这还不够吗?"

鹿鸣气恼地说:"你以后当侦探得了,或者请你去天文台,都不用望远镜,小若同学能直接数出天上有几颗星星。"

小雅插进来说道:"还能贫嘴,说明没什么大问题。"

杜若说:"讲讲,怎么回事?"

鹿鸣说:"我一直很想要的一辆四驱车,昨天我爸给我买了,但我拿到之后突然觉得没有以前那么有动力去组装涂色。"

小雅问:"你跟我们讲讲这辆车。"

鹿鸣稍微来了点精神,合起书说道:"这辆车是2018年的获奖作品,田宫的Mach Frame,国内称为绝地战车,它的特点是前置马达,外壳很好看,配色经典,还可以自行涂装高达配色或者EVA配色等。它比较适合二次创作,所以在国内挺火的。"

杜若问:"什么叫二次创作?"

鹿鸣答:"车壳喷漆改造,底盘改装,包括换轮毂轮胎、底盘加强、加配重块和避震系统或加车灯等。"

小雅惊讶地说:"这么复杂呀?那这个车贵吗?"

鹿鸣笑着说:"不贵不贵,国内网站上几十元就可以买到,国外代购的话可能要贵一倍。另外,自己还要准备一些涂色工具,这样就可以组装玩了。目前主流的还是轨道赛车,街头赛车我不是很熟。"

杜若问:"组装起来难不难?"

鹿鸣从书包里取出几张彩色说明书,展示给两人看,然后说

道:"你们看这是组装说明,按照说明书装,再准备一些常用工具就够了。"

小雅和杜若翻看了说明书,发现确实挺简单的,只要会使用基础工具,就能按图索骥完成了。

聊着聊着,鹿鸣的心情好了很多,这时候先生从讲台上发话:"鹿鸣啊,今天的课你好好听一下,说不定对你有启发。"

鹿鸣问:"先生,我们今天学什么?"

先生说:"我们学'得'这个字,你的疑惑,就是为什么得到了却没有欣喜。先听课吧。

"我们还是先学字形。甲骨文'得'的字形像一只手拿着贝壳,贝是古代的货币,引申为极为珍贵的东西。有的甲骨文和金文又加'彳'旁,行走,表示外出劳动而有所获利。《说文》曰:得,行有所得也。远行而有所收获。《韵会》讲凡有求而获皆曰得,与人契合曰相得,如相得益彰。'得'的本义就是'取得、获得'之意,还可表示能够、可以,引申为事情做对了、实现之意,如得失。

"'得'是奋斗出来的。'得'字手里拿的是贝壳,贝壳既是货币又是极为宝贝的东西,所以人皆向往。如何才能得到呢?答案就在'得'这个字里。手代表捡拾,只有放手一搏,一显身手才能得到结果。'彳'既表示行走,也表示行动。行走的原则就是《易经·乾卦》说的'天行健,君子以自强不息',像天一样运行,持续不息地行走在找寻宝贝的路上,不管遇到任何困难都要保持自强,生命不息,奋斗不止。

"行动原则就是《易经·坤卦》说的'牝马地类,行地无疆,柔顺利贞'。牝马即母马。行动最忌讳眼高手低,天马行空,飘在空中,不切实际,一会儿这样一会儿那样。行地无疆刚好和天马行空相对,可以说是'天马行地'的概念。天马行空的想法在现实中大多是无法落实的,思维可以天马行空,但如果缺了脚踏实地的执行,也就是缺了'得'字中的'彳',自然不会得到结果。而行地无疆强调的就是脚踏实地的执行,一旦想法开始从思维层面进入落地层面,就会遇到各种困难、挫折、山川阻隔,这个过程就需要坤卦牝马的承载和包容任何困难的特质,脚踏实地行动。不能像孙悟空一个筋斗十万八千里跨过障碍飞到西天,而是要像普通人一样经过九九八十一难、一步一个脚印,走到西天才能取到真经。唯有这样才会行地无疆,畅行天下,才能'得'到真经。

"得而不喜,失而不忧。得到真经之后应该怎样呢?庄子说:'得而不喜,失而不忧,知分之无常也。'意思是得到了也不要感到欣喜,失去了也不要悲伤,要知道得与失没有一定的界限,是会变化的。"

这时鹿鸣疑惑地想:难道我得到了没有感到欣喜是对的?他没有立刻下结论,决定继续好好听课。

先生说:"当然,大多数人是没有办法做到得而不喜的境界的。如果非要喜或忧的话,至少也要符合《中庸》所说的'喜怒哀乐之未发,谓之中;发而皆中节,谓之和',不要过度,不要喜得忘乎所以,也不要悲得痛不欲生,无法自拔。其次,一

个人为什么会失而不忧呢？因为失也是得，此为终始循环、否极泰来之道——如果我没有得到我想要的，我即将会得到更好的。失也是舍，舍得舍得，舍才会得，小舍小得，大舍大得。

"戒之在得。得了之后要学会放下，放下欲望和贪念。《论语·季氏篇》中，孔子说：'君子有三戒：少之时，血气未定，戒之在色；及其壮也，血气方刚，戒之在斗；及其老也，血气既衰，戒之在得。'一个人到了晚年的时候，一定要学会戒贪，要不很容易晚节不保。

"'虑而后能得'，出自《大学》。'虑'不是简单地思考，而是深思熟虑、深谋远虑，是把所有的想法一层层过滤掉，最后筛选出最优解。只有经过这样的'虑'，才能有所获得。《鬼谷子·阴符本经》说道：'不出户而知天下，不窥牖而见天道。'为什么一个人可以不出户牖，不经过实践而能够尽知天下事呢？知天下和见天道都为'得'，得从何来？从'止、定、静、安、虑'来，我们平常看东西是用眼睛看，但还有一种看就是内视，是在止欲（止于德，即至善）、定志、静心、安神之后，直接用内在的神来听、来虑思。这里的神不是鬼神之神，而是指每个人内在的造化之良能，或者叫内在的高我，'虑之太虚，待神往来。以观天地开辟，知万物所造化，见阴阳之终始，原人事之政理'。

"认识了这些以后，我们再来回答为什么鹿鸣得到了自己想要的东西，却没有感到足够的激动和欣喜，因为他还沉浸在他为此付出的努力上，没有真正体会到获得的感觉。

"《庄子·外物》曰：'筌者所以在鱼，得鱼而忘筌。蹄者所

以在兔,得兔而忘蹄。言者所以在意,得意而忘言。'

"句中蹄是指捕兔的套子,如网绳之类,可以缠住兔脚。筌则是捕鱼的容器。意思是:筌是用来捕鱼的,捕到鱼就可以忘掉筌;蹄是用来捕兔的,捕到兔就可以忘掉蹄;语言是用来表达思想的,领会了思想就可以忘掉语言。

"庄子把语言比作'得意'即获得思想的筌、蹄,它们仅仅是帮助人们了解和获得'意'的工具。如果拘泥于'言',不忘于'言',就不能'得意'。只有先'忘言',而后才能真正'得意',即得其语言表达的真谛。

"所以鹿鸣你有没有明白?"

鹿鸣点点头,答道:"我懂了,我确实还在感慨自己为了获得这辆车付出了很多,当初爸爸答应给我买,是有很多条件的,比如要达到多少名次,考多少分数。这样看来,我确实对此过于在意了。我应该更专注于自己获得的乐趣和成长,同时我也感受到了同学的关心。"

小雅说:"那你现在是不是可以专心去组装了?"

杜若问:"你打算涂什么配色?"

鹿鸣笑着说:"小雅喜欢蓝色,杜若喜欢红色,为了表示感谢,我决定涂成红蓝双拼色。"

看到学生们说说笑笑,先生满意地走出了教室。

同学们,"得"这堂课讲完了,你们掌握了吗?我们下一堂课再见!

扫一扫,听语音讲解版

第十五课　正

甲骨文　　　篆文　　　说文古文

清晨书院里静悄悄的，偶尔传来一阵鸟雀的啾鸣，很快又归于沉寂。

鹿鸣挎着书包，无精打采地走进学院，向在院子里散步的先生打招呼。

先生看出鹿鸣心情不佳，便问道："鹿鸣你好像不开心？"

鹿鸣正要说，却看到杜若和小雅手拉手从学院前面进来，犹豫了一下，这才说道："我有一个一起玩四驱车的朋友，他说以后不玩了。"

先生问："为什么呢？"

鹿鸣答："他家里人说玩物丧志，不让他玩，还说'要走正道'。"

先生问："你觉得不开心的原因是他来不了，还是他家人的看法？"

鹿鸣说："都有吧。我俩一起拿过冠军，奖杯还在我家里，我觉得很有意义。主要是'要走正道'这个说法让我很难接受，我的爱好不是什么歪道。这不是玩物丧志，它能锻炼我们的动手能力，还能促使我们为了让车子跑得更快更好去自学更多的知识，比如材料、风阻等。如果打比赛，还能锻炼我们的社交能力，结交更多的朋友，比赛也能增加我们的成就感和进取心。总而言之，家长这种简单粗暴的否定让我非常难过。"

杜若和小雅站在旁边听了全程，这时候也纷纷发言。

杜若说："鹿鸣说得有道理，家长应该支持孩子合理的爱好，我虽然不懂四驱车，但是这总比那些打游戏、疯狂追星的要好。"

小雅也说："家长理解的'正'和我们理解的'正'可能真的不太一样。我没看书去玩的时候家里人偶尔也会说我，这时候我就跟他们讲道理，他们被我说服也就不说我了。"

鹿鸣撇撇嘴说："那你当然不一样了，门门功课优秀，自律性又强，偶尔放松一下很正常。而且你说话条理性很强，跟你讲道理，那不是扬短避长吗？再说这正不正，咱们说了又不算。"

小雅说:"你的想法不要太偏激,我觉得好好沟通还是能说清楚的。要知道形势总是会变的,你平时少犯错,他们可能就会把你当大人了,就好像语义都是变化的,以前古文里的'正'根本就不是这个意思呢。"

杜若说:"我知道,以前的'正'好像是打仗的意思。"

鹿鸣想难为一下两位同学,说:"那你们知道'正'和'在'的区别吗?"

这个问题难不倒小雅,她说:"'正'与'在'都表示进行或持续,但'正'着重于时间,而'在'重在状态。比如,我正吃着饭。'在'一般用在反复或长期持续进行的地方,比如在看书。"

鹿鸣赞赏地举起了大拇指。

先生看到学生们的谈论告一段落,示意准备上课了。大家进入课堂,先生在黑板上写了几个字,然后说道:"我们今天就讲讲'正'字。

"先来看看甲骨文。'正'字的前方原为一座方形的城邑,下为脚,意为迈步向城邑前进。'正'字的本义为长行,用武力讨伐某一国家或地方,必须长行,故'正'引申为征伐,讨伐不义之地,又说'正'是'征'的本字。

"长途跋涉必有目的地,朝着目的地前进,故引申为'对着',所以'正'为不偏不斜、不颠倒、不反向,用在言行上则表示公正无私,所以《说文》'正,是也',也就是此意,即纠正,使其恰当、合规范、合标准、合于法则,最终合于道。目的地即为目标,所以'正'字又引申为箭靶的中心。

"正，岁之首月，农历一月为一年的首月，也代表了在时间上开始十二个月的长行，所以称一月为正月。《尔雅·释诂》：正，长（zhǎng）也。官长，五正即为五官之长。如木正曰句芒，火正曰祝融，金正曰蓐收，水正曰玄冥，土正曰后土。

"知道'正'的含义，我们可以好好观察不同含义'正'的象，以启发智慧启迪人生，这才是象思维的核心价值。

"'正'字上面的城邑为地，天圆地方，下'止'为脚，脚踏实地，守天地之道、与天地合其德为'正'。

"正，长也，正念、正行、正身、正心，正己才能正人；长不仅仅是官长，也代表长辈领导，长辈对晚辈、领导对下属、老师对学生的教育都从正字来——在上位的人行得正，下面的人自然会效法，这也是儒家一直倡导的'其身正不令而行，其身不正虽令不从'，也可以说是领导者的无为而治。

"岁首为正，岁首即为初，万物起于初，最终又会回归于初，此乃终始循环，生生不息之道。不忘初心，方得始终，初心是什么？人之初，性本善，每个人的初心可能都是正的，但是在后天的成长过程中，可能会受到各种诱惑而偏离本心本善，从而迷失自我。这个时候就需要养正，养正就是返回先天的本心。

"'正'上面的'口'为目标，下面的'止'为出发，人想去的方向和脚前进的方向是一致的，就是对的。'口'是四方的，方为直也，正直做人，正道直行，四方为东、南、西、北四正方，不是东南、西南、东北、西北四隅，四正方为君子，四隅为小人。意为行正道为君子，邪门歪道为小人。

"'正'由'止'和'一'构成,老子说'道生一',这个'一'可以理解为最近道的,守一就是守道,朝着目标就是朝着道前进,做事都按照道的标准来要求自己,凡事符合道的就去做,不符合道的就不做,这样的行为就是正。能守一才能行中庸之道,生命就能得到正养而不偏失。守一以止也就是止于一,《大学》讲止于至善,一也是那个至善的地方。除了至善,还有上善——上善若水,'若'在这里不是像的意义,而是顺着,水发源于西北高山,一路向东经太湖最终流向大海,奔流不息,遇到任何障碍都能顺着过去,而不是对抗,路途有几千里之远,此为长行,它的目标是汇入大海。做人当效法水的德行,纵使路途遥远,即使遇到各种挫折也不怨天尤人,按照自己的节奏,行走在自己的正道上,早晚能够达到自己的目标。

"'蒙以养正,圣功也',出自《易经·蒙卦》。正不是一天两天形成的,而是需要慢慢养。什么时候养正最好?童蒙时期。俗话说,三岁看大,七岁看老,孩子的成长过程是不可逆的,童蒙时期没有教育好,后面即使花大力气也很难取得好的效果。

"养正即为圣功。儒家讲内圣外王,内圣为圣,外王为功,圣和功都为正,圣是德行智慧方面的正,功是事业行为方面的正,所以圣功是内外兼修,知行合一的圆满境界,自然也是正的境界。

"如何养正?有正念:正念的目的是利他,圣人也好,领袖也罢,从来都是心系天下,忧国忧民,就是范仲淹讲的'先天下之忧而忧,后天下之乐而乐'。

"正心：中国文化道统传承自尧舜始，经禹、汤、文、武、周公、孔子、曾子、子思、孟子等，核心就是十六字而已：'人心惟危，道心惟微，惟精惟一，允执厥中。'

"'人心惟危'是说人的心思变化多端，恶念往往多于善念，非常危险。到底多危险呢？心这个字，左边一点是偏心，右边一点是歪心，中间的钩是钩心，只有上面的才是仁心、正心。

"正行。《论语》的核心就四个字：学为君子。君子之行就是正行，想要学会什么是正行，如何为人处世，就需要好好读读《论语》。《论语》里面说道，子曰：'君子食无求饱，居无求安，敏于事而慎于言，就有道而正焉，可谓好学也已。'如何养正就在这句'就有道而正焉'里，'就'是接近，'有道'指的是得道之人，如圣人贤人。'正'就是以圣贤之人来正己，这样的人就可以称为好学了，但是这种'学'不是学专业知识，而是学做君子。

"养正的核心是在孩子童蒙时期，为孩子找到人生的榜样。《朱子治家格言》说道：'读书志在圣贤，非徒科第。'读书的目的是在学圣贤，最后成为接近圣贤那样的人，而不只是为了科举及第。这句话可谓读书的正道，养天地正气，法古今完人。一个从小读着圣贤书长大的孩子，是很难学坏的，因为这是孩子三观的源头力量。"

同学们，"正"这堂课讲完了，你们掌握了吗？我们下一堂课再见！

扫一扫，听语音讲解版

第十六课　思

金文　　　篆文

今天是周五，先生本着劳逸结合的想法，带学生们去科技馆参观、听课，正好那里有一个《人体的奥秘——大脑与思维的联系》的讲座。他们花了点时间听完了讲座，又参观了科技馆的 VR 展厅，意犹未尽地踏上返程。

回书院的路上，学生们热烈地讨论着讲座的内容，甚至谈起了灵魂是否存在。先生一直笑眯眯地听他们说话，直到他们谈兴已尽，这才提出自己的问题。

"同学们,你们刚才讨论得很热烈,我这里有一个问题,那就是人的思想究竟与什么有最密切的关系?"

鹿鸣说:"思想当然与成长有关,不断学习可以增长见识,促进思想的成熟。"

杜若说:"思想应该与阅历有关,见识广博才能有足够的成长空间。"

小雅看两人都这么严肃,便笑着说:"思想当然与大脑有关,没有大脑哪来思想,是吧?"

学生们都笑了,知道小雅只是开开玩笑。

先生笑着说:"那这样,我们今天的课就来学'思'这个字,我来讲讲关于这个字的相关知识。我们首先还是从字形字义开始。"

"金文的'思',上面为囟门,囟门代表大脑;下面为心。脑主思维,心主神智,古人认为脑和心都是思维感知器官。思的本义是把人、事放在头脑、心坎,用脑想象,用心链接,心脑合作产生思想。

"思的基本含义包括:思考、考虑、想法、挂念、怀念、思绪等。《说文》:'思,容也。从心,囟声。'凡思之属皆从思。可以理解为思想包容万物,思想容量宽广。

"段玉裁《说文解字注》:'思,睿也。貌曰恭、言曰从、视曰明、听曰聪、思心曰容,谓五者之德。'睿者,深通川也。引申之凡深通皆曰睿。谓之思者,以其能深通也,所以说深思熟虑。

"致思——思的上面为囟门,囟门是婴儿大脑发育完成最后

闭合的地方，囟门位置在头之巅，也就是头顶，代表很高的智慧。《孔子家语》有一篇叫《致思篇》，思是万法的起源和根源，也就是我们刚刚起心动念那一刻。致思讲的是一个人思考能够达到的最高的地方，也就是极致。每个人的思考范式不一样，比如发生一件事，有人喜欢往乐观的地方想，有人喜欢往悲观的地方想。乐观、悲观都不是大道，儒家讲中庸之道，致思就是中道，极高明而道中庸，不是左边也不是右边，而是中间。致思是内修之学，只有内在思维上的改变，才能跳出各种陷阱，然后才能达到自己想要的。

"思量——思，容也，容为容量，思究竟有多大的容量呢？《易经》中说道'易与天地准，故能弥纶天地之道'。易是以天地为准则，所以可以遵循天地之道，与之齐准。一个人的思量体现的是他的格局，格局可以'其大无外，其小无内'。

"一个人知识的储备量、智慧的含金量、阅历的体量等，形成了思的总容量，也即思量。思的容量越高，思考的能量就越高，思考的品质也就越好。一个人思考的品质可以到达什么层次呢？易曰'范围天地之化而不过'。天地万物化育之理全部都包括了，而且无法逾越。

"思维——思，睿也，睿为深度。思维不是平面的，而是立体有层级的。智慧层面的较量，谁的维度更高，谁就可以实现降维打击。

"在《三国演义》中，诸葛亮设七星坛登台作法，以借东风。那么东风真的是诸葛亮借来的吗？并非如此。其实是诸葛亮对节气、气象和地理知识的熟练运用而已。赤壁之战发生在冬至前后，冬天刮西北风，这也是曹操笃定诸葛亮他们不敢采取火攻的原因，因为西北风会引火烧向自己。但是冬至当天一阳生，阳气萌动，会改变风向，自然就会有东南风了。而且诸葛亮对当地的气候特点是非常熟悉的。赤壁之战是在湖北境内，如果冬至日乍暖形成小阳春，会导致长江与鄱阳湖等水面存在温差，这就容易形成东南风。这才是诸葛亮取胜的原因——在智慧这个层面的较量，只要比别人高一个维度，就可以完胜。

"孔子登东山而小鲁，登泰山而小天下。站得高看得远，不同维度看的真相不一样。以下列举两种思维模型：一是'道法术器'维度：道是天道，可以简单理解为方向，法是选取的方法，即取法，术是技术操作，器是工具，道比法重要，法比术重要，术比器重要。二是'道德仁义礼'维度：《道德经》中讲道'失道而后德，失德而后仁，失仁而后义，失义而后礼'，因为大道不行，只能降维到德的层面；德也不遵守了，只能讲仁；仁也不讲了，只能讲义；义也不讲了，只能用礼来约束。越往后就离道越远了。

"古人认为在所有的维度中，道是包容一切的最高哲学概念，能够闻道、悟道、得道，是读书人的终极追求，所以孔子才会发出'朝闻道，夕死可矣'的感叹。

"'博学之，审问之，慎思之，明辨之，笃行之。'——《礼记·中庸》这段话对于求学治学非常重要，'学、问、思、辨、行'是治学的五个方面，学在首位，学是为了行，行为终极目的，中间需经过审问、思考、辨别的过程。

"《易经·艮卦》曰：'兼山艮，君子以思不出其位。'君子（天子）如何才能不出位？守住中道。一天十二个时辰，每时每刻都让自己的思考保持中道，稍微有点过了，赶紧提醒自己回来，所以慎之又慎，这叫慎思。"

同学们，"思"这堂课讲完了，你们掌握了吗？我们下一堂课再见！

扫一扫，听语音讲解版

第十七课　江

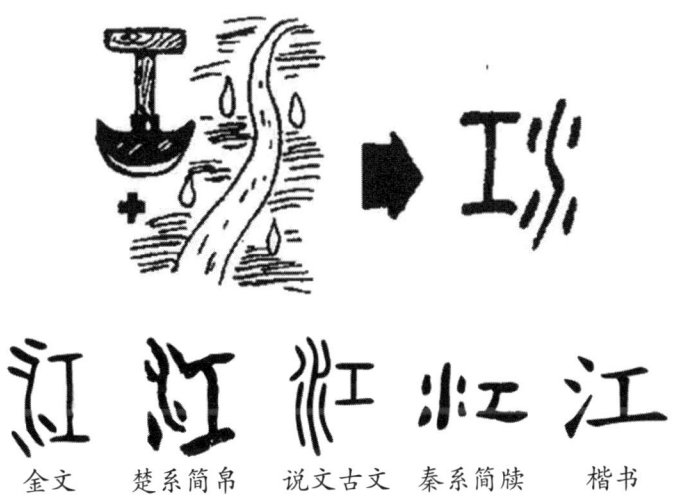

金文　　楚系简帛　　说文古文　秦系简牍　　楷书

今天鹿鸣第一个来到书院，王婶儿打开院门的时候，发现他就在台阶上坐着。

"孩子是怎么了？今儿个来这么早。"

鹿鸣耷拉着脑袋说："我有些疑问想请教先生。"

"这孩子，你来这么早，先生这不还没来嘛。你还没吃早饭吧？来来来，婶儿给你下碗面条。"

王婶儿拉着鹿鸣去了厨房，给他弄了一碗鸡蛋面。等鹿鸣稀里呼噜吃上了，王婶儿这才问道："你这是想问什么呀？想得觉

都不睡了。"

鹿鸣嘴里咬着面条含含糊糊地答道:"嗯,是个有点儿傻的问题。"

孩子不愿意说,王婶儿也不深究,她站起身解下围裙说:"没事儿,先生一会儿就该来了。你吃完了碗就搁那儿,我回来收拾。"

鹿鸣刚吃完面条,外面就传来了王婶儿和先生打招呼的声音。

鹿鸣给碗里接了水后搁在台案上,噔噔两步跑出厨房,朗声喊道:"先生,早上好。"

先生看到鹿鸣从厨房里出来,笑道:"你也很早啊,鹿鸣。"

先生正要准备今天的课,却看到鹿鸣磨磨蹭蹭地跟在身后,就让鹿鸣坐下,问道:"鹿鸣啊,你今天来这么早,是有事找我说吗?"

鹿鸣犹豫半晌,这才讲起了他的故事。

昨天他看到一部纪录片,内容是讲中国水系,里面有许多的航拍画面,里面的长江与黄河的各种画面都让鹿鸣非常感兴趣。不过他也因此产生了一个疑问,那就是长江为什么叫长江,黄河为什么叫黄河。

这个问题乍一听好像很无聊,但实际上有很多人都不知道原因。鹿鸣拿这个问题去问妈妈,妈妈忙着做家务。鹿鸣又去问爸爸,但爸爸也不知道为什么,建议鹿鸣去问先生。于是鹿鸣一大早就跑到学院来,他迫切地想知道问题的答案。

知道了鹿鸣的问题，先生笑了，他说："鹿鸣你不要急，既然你想知道答案，那我们今天的课就讲这个。不过你能不能稍微忍耐一下，等你的同学们到了一起听呢？"

鹿鸣同意了。

他好不容易挨到同学们到齐，兴致勃勃地拿出笔记和笔，专心等着先生释疑。

"今天，我们要讲的是，'江'。"

先生一边说，一边在黑板上写下"江"字。

先生说："我们先来解字源，江原指长江，是专名，如《尚书》中有'岷山导江'。江是南方人看到的大水系，专指长江，后来作为大河流的通称。"

鹿鸣一听就激动起来，说："江是专指长江，那河也专指黄河吧？"

小雅说："确实如此，据我所知，古代称呼江河之外的水系，都是水，比如汉水、淮水。"

先生笑道："同学们说得都不错，不过我们等会儿再来讲河。"

"大家看黑板，'江'可以说是自古以来字形没有变化过的字，从水从工。从水自然就是和水有关，其意义在'工'上。

"'江，公也''公，共也'，小水流汇聚流入其中而形成的大水系，就是南方人看见的长江。我们都知道长江之源有三江汇流之说。《禹贡》记载着'三江既入'，郑玄注：'左合汉为北江，会彭蠡为南江，岷江居其中，则为中江。'

"'工'就是大的意思，汇流以后，水势浩荡，奔流到海。

'江'有工旁，'工'为工匠的矩尺，呈直角，以形容其水道陡峭，从岸到水无坡过渡，所以长江有三峡美景。江面开阔，水势变化却不大，经过观察人完全可以掌握其水势变化。能掌控如此丰富的水系，自然就造就了周边富饶的土地。《风俗通》称'江者，贡也'，指长江周边多产奇珍异宝，以之为贡品。

"当然，现在的地理知识让我们知道，长江流域多为丘陵和沼泽，大水系形成后，经过这些丘陵的阻隔和沼泽的沉淀，就像是给水加入了有机的营养，助力下游平原现今的长江三角洲形成丰富的湖泊和小河流。因为长江流域的土质特点，形成的河床不易改变，所以长江一直都没有大的改道事件，对生活在周边的人们而言，'江'是安居之地，是富饶的依附。"

同学们，"江"这堂课讲完了，你们掌握了吗？我们下一堂课再见！

扫一扫，听语音讲解版

第十八课 河

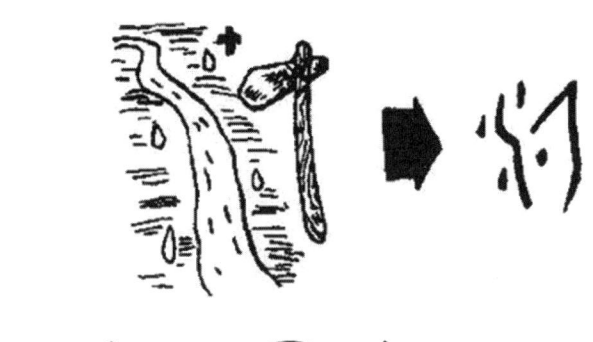

甲骨文　　金文　　楚系简帛　　说文古文　　秦系简牍　　楷书

"那么'河'又是怎么回事呢？"先生转身在黑板上写下"河"字的几种演变体。

写完之后，先生放下粉笔，说道："'河'原指黄河，也是专名，如《庄子》写道'百川灌河'。'河'是北方人看见的大水系，后来作为河流的通称。'河'字在甲骨文、金文中从水从何，表示河水旁有人背荷着工具。

"大家可以看到，'河'古今变化很大对不对？"

学生们齐声答道："对！"

"许慎在《说文》中称'河,水出敦煌塞外昆仑山,发源入海'。人必须依水而居,而北方水系本就不发达,传说大禹把地下的水系导成一定水量,就称之为'河',也指黄河,是北方最具代表的大水系。

"因为有人的治理,所以称河。表面看起来,河不如江来得宽广,但'河'水曲折汹涌,且没有规律可循,多雨季节不仅会泛滥成灾,还会改道,真可谓防不胜防!正如字形上'可'就比'工'来得曲折,所以,河经常要人去整治。围绕着黄河的治理,也就成就了华夏民族'习坎'后的多难兴邦。很多的华夏智慧都是围绕着治河而来。"

鹿鸣举手问道:"先生,也就是说,因为'河'变化多,改道频繁,所以字形才有这样的变化吗?"

先生笑道:"如果这样能帮助你理解,你就这么记着也行。实际上,字体变化的原因更复杂,但不是今天要讲的内容。"

杜若提问:"先生,江与河的区别是什么?"

先生答道:"江和河最大的区别是在于'工'和'可'的区别。

"'可'是'呵'的省略,是'哥''歌'的本字,口,既是声旁也是形旁,表示发声。我们的气从胸腔里面发出来,宛转而出就成为歌。什么时候唱歌呢?最早为了祭天地之神,在河边祭河神的时候就唱歌——呵的声音,'可''呵'就是那种尾声拉得很长的叫歌,就像信天游里面唱的那样。北方那种粗犷的民风民俗让他们在敬神的时候,唱的都是那种拖得很长的声音。所以河者，大也，远也，长也。汉字里面带'可'的都表示绵绵不息。古代北方最长的河叫黄河，只有它有资格叫河，其他的没有。

"南方的叫'江'，'江'在粤语里的发音读作 gong，工者，大也，加绞丝旁就是'红'，意思是最鲜艳的，加虫字旁为'虹'，意思是最亮的最美的，加三点水为'江'，意思是最大的。黄河长，长江大。'河'，三点水加'可'，也包含声音，水什么时候会发出声音？我们说'静水流深'，意思是表面平静的水其实水底很深，来暗喻表面不声不响的人却蕴藏着大智慧。水够深，河道够直，水流过是没有声音的，出现声音是因为河道弯曲，所以黄河九曲十八弯会出现'呵呵'的声音，意味着黄河的河道是弯的。

"'可'的甲骨文是拐弯的，就像黄河是弯曲的。现在我们看到的长江是比较弯的，但在古代长江的航道还是相当直的，所以叫工，工就是古代巫师手里拿的那个东西，它是直的。因为长江直河道宽，没有大的弯，所以长江水走的时候就是轰轰的声音。

"黄河所流经的黄土地，其土质疏松，植被稀疏，故历史上黄河曾多次改道，造成巨大的生命和财产损失。所以古代经常需要治理黄河，用大量土石方增高千里长堤，使得今日的黄河成为'地上河''悬河'。由于北方河流（如淮河等）大多与黄河相似，经常泛滥改道，需要时常征发人徒治理，故北方河流通名为'河'。相反，中国南方河流很少泛滥改道，与人工河流相似,故南方河流通名为'江',即不会泛滥改道的水流。"

先生说:"江河的区别就讲到这里,下面我们来说说,江与河的人文地理。

"王宁先生在《汉字与中华文化十讲》中讲道:'世界上的古文明都有一个特点,它们都产生于大河流域。人类要在水边才能生存。中国的文明最早就是在黄河流域,再晚一些是长江流域。黄河是中华文明的摇篮,汉字则是随着中华文明的发展而独立产生的本土文字。'

"葛剑雄先生在《黄河与中华文明》一书中说道:'黄河、长江这样长达数千千米的大江大河,它们本身也因凝聚了历史、经历了沧桑,而演变成一种文化符号、精神象征、时代烙印、历史记忆,一条大河就是一首颂歌、一篇史诗、一部历史、一个时代。'

"我们说一方水土养一方人,意思就是地理影响人文,而水的作用又重于土,俗话说同饮一江水,就是在同一个河流形成了相同的生活方式、人文习俗、文化心态等。尤其是秦汉统一之后,黄河中下游地区就以其天下之中的核心位置形成华夏民族公认的中原,也是中华文明的发源地。'江'提供了富饶的物质,给人以安定的生活;'河'不仅养育了中国人,还赋予了华夏的智慧。长江比较直,所以这一地区的人文反而需要弯曲来平衡,你会发现长江流域这一带的艺术水平是很高的,出土的文物都是很精美的。反之,黄河本身是曲的,人文就会比较直接、简单,黄河流域产生的器具就很简单,这也是一种阴阳平衡。你想想生活本身都如此不易，就没办法整些花里胡哨的东西了。所以文明虽然都在大江大河旁边产生，但它们的走向是不一样的。

"河南省博物院的云纹铜禁，全是很细的、很精致的，就是楚国的风格，因为河南的南边跟湖北的这一带是一道精神气脉。用的是失蜡法铸造技术——到现在我们造飞机的时候仍然会用到这种技术，这就是楚国打造出来的工艺。北方的鼎都很简单，但一到南方，南阳包括信阳那一带，文物越来越精美，其实这是一种生活态度。

"诸子百家每一个对应的都是一种现实的认知，从现实中间抽取出来的一种生活方式。子夏的学生中一个叫禽滑厘的，后来成了墨子的大弟子。他最早就是跟子夏学的，墨家就从子夏这一派分出来的，因为子夏讲得不圆满，所以才产生墨家。

"这就是为什么孔门四科里，言语科在文学科之上，子夏是文学科的，言语不是我们今天理解的演讲口才，而是替天行道，代天宣化。文学不是我们今天理解的文章，而是把孔子讲学的东西传下来，这跟现今的文学不太一样。所以孔门四科的排列是德行、政事、言语、文学。德行科的东西都是在时间上纵横无疆的，政事科只是在空间里成为栋梁，言语科是辅佐政事，而文学科好比是房子建好了，在里面搞搞装修。所以子夏虽然很有影响力，但是他传的不是孔子的大道，只是孔门学问的一部分。

"孔子的另外一个弟子——孔门十哲的言偃，他传下来的是另外一部分。同样位列孔门十哲，为什么子夏就能培养出叱咤风云的人物,而言偃这一支没有培养出比较厉害的学生?这就是南北两派的不同风格,也就是言偃和子夏的区别,也是黄河流域和长江流域人文的区别。言偃是孔门弟子里有明确记载的来自非黄河流域的,他就是那种低调、跟百姓走得近的人,他是默默地传承和培养人。而子夏是北方那种比较高调的,非王侯不教。子夏的学生最早一批是魏文侯、李悝、吴起这样的人物。一个走的是上层路线,一个走的是下层路线。走上层路线就很容易出名,最大的问题是走偏一点点,就可能没有好下场。

"因为子夏讲得不圆满所以就有了后来的墨家,不仅如此,法家也是从子夏这一支分出来的,而且中国的法家都集中于黄河三角洲那带——商鞅是濮阳的,申不害是郑州的,慎到是济宁的,包括李悝、吴起也在这一带。为什么甘陇这一带的人喜欢用河南、山东产的法家,因为法家简单直接有效,立马有效益,落地执行见效。既然商鞅、慎到、申不害都是从这一带出来的,那到底是谁在这个地方点燃了第一颗火种?就是子夏。子夏、鬼谷子、孙武是同一个时代的人。鬼谷子也是从道家分出来的一支,是老子的另外一个学生老莱子在那个地方留下的一支,孔子也是老子的学生。这些是诸子百家的源头,源头清晰了,讲分流才能清楚。这里边子夏起了很关键的作用,因为他没有真正地修圆满,所以才延伸出来后面诸子百家的分流。"

同学们,"河"这堂课讲完了,你们掌握了吗?我们下一堂课再见!

扫一扫,听语音讲解版

第十九课　俭

篆文1　　篆文2　　　隶书　　　金文

天空中飘过几朵乌云，看起来却不像要下雨的样子。

杜若和小雅来得早，两人坐在屋檐下聊着今天的天气。

鹿鸣抱着一沓传单跑了进来，他看到两位同学坐在屋檐下，跑过去一人递上一张传单，说："来来来，人人有份。"

"这是什么呀？"杜若嘀咕着拿起传单，看到上面印着"厉行勤俭节约，反对铺张浪费"几个大字，"原来是公益宣传，鹿鸣你还做这个呀？是志愿者吗？"

小雅指着传单的下半部分说："看这里，是本市宣传部门响

应号召举办的一个公益性质的宣传活动。"

鹿鸣坐下来歇息,把传单放在膝盖上搁着,笑道:"志愿者倒也算不上,我帮着发一下,等会儿上完课去跑一跑,也不耽误什么事。"

杜若看着传单说:"勤俭节约确实应该提倡,现在的浪费真挺严重的,尤其是餐饮行业。我爸爸单位的餐厅,每天都有很多食物被浪费掉,他看着都心疼。"

杜若的爸爸是个厨师,他经常看到很多客人浪费书院食物的行为,也常常告诫杜若要珍惜粮食。

小雅也附和道:"我觉得这个提倡还是起到作用了,书院食堂不是推出了可以只点半份菜的机制吗?这种改变挺好的,确实能降低浪费。"

鹿鸣也说:"除了食物浪费,还有长明灯、长流水,都是要改正的错误使用方式。"

他们讨论得挺热烈,连先生来了都不知道。先生站在同学们身后听了一会儿,从鹿鸣那里拿了一份传单,说:"这传单也给我一份吧,时刻警醒自己。"

三位学生这才注意到身后的先生,连忙站起来说:"先生来了,早上好。"

"同学们早上好,准备开课吧。正好鹿鸣带来了这份传单,我们今天就来讲讲'俭'这个字。"

众人走进教室,各归其位。

先生在黑板上写下了"俭"的几种古字体,照例还是请学生们来讲讲初步的印象。

大概是"俭"字不够直观，鹿鸣举手的时候犹犹豫豫，好在他的脑洞依然很大，所以他的答案也挺可乐，他说："屋顶下面两个口，口下面有两个人，屋外还有一个大人。大概意思就是说不管大人孩子，生活中都要俭朴。"

这个说法让其他人都笑起来，小雅说："从金文来看，屋檐下并没有口，只有两个人。据我所知，在古文里，这个'佥'有时候是众人的意思，先生我说得对吗？"

先生说："小雅说得对，但不全对。我们先来解字，俭字字形，为'人''佥（qiān）'相合，杨树达说：集（亼）二人二口，为佥，亼就是集。

"《说文》：'俭，约也。'佥，既是声旁也是形旁，是'敛'的省略，表示约束、收敛。'俭'从人佥声，'佥'音通'谦'，凡有qian声的字往往有薄小不足的意思。谦，言语上不自足。俭，使自己生活上薄小不足。戋，'束帛戋戋'，也是浅小之意。

"'佥'字的核心在'亼'，亼是集二人二口，收敛约束自我的欲望，以与他人同，所以加'攵'是指约束的动作，叫敛。加'人'是指人具有的这种品格，叫俭。《说文》：'亼，皆也。'亼有会合的意思，有收拢的意思。人约束自我以与他人合同，为'俭'。引申至节俭、节约。人自我张扬为'奢'，人自我收敛为'俭'。《广雅》：俭，少也。"

听到这里，鹿鸣提问："'佥'有收敛的意思，捡东西的捡带提手旁，也就是用手去收敛的意思吗？"

先生答道:"捡东西的捡应该是'拣'。'捡'在《说文》里做拱手解。另外,'检'和'签',古时一样,都是书函的封印,上下同一个模范制作,有同的意思,也有收拢的作用。眼'睑'是合上眼睛,收拢的作用。"

杜若问道:"这些字都含有'佥'部,都有收敛、收拢的意思。那'剑'也有收敛的意思吗?"

先生说:"当然有。剑的两头都是收的,慢慢收拢的刀为剑。从剑把到剑头,慢慢变细变尖,这个叫敛。敛就是收的,收起来才有威力,天天亮剑别人反而不会怕了。平时收起来,关键时刻再露出来。儒家注重'仁义礼智信'的君子之德,古代君子佩剑,而剑作为百兵之君:剑锋笔直,直来直去,是为正直;剑平日收归鞘中而不伤人,是为仁义;剑是贴身利器,携带方便而能够保护主人,是为忠勇。故剑又被冠以君子剑的美称,所以剑被人认为是正直、仁义、忠勇的象征。"

先生转头又在黑板上写下几个大字"静以修身,俭以养德",他放下粉笔,拍拍手说道:"上面这句话来自诸葛亮的《诫子书》。"

小雅举手提问道:"先生,那我们要怎么具体去做才能'俭以养德'呢?"

先生笑道:"问得好,我从以下四个方面来讲如何俭以养德。

"首先,俭其身——收敛。

"这种收也是一种藏,就像剑一样,平时藏在里面,不轻易显露。俭的含义还有做事不要做太满,满招损,谦受益,谦卑也是一种俭的状态。为什么俭能养德？因为还留有余地，《增广贤文》里说道'十分聪明用七分，留得三分给儿孙'，锋芒毕露，处处得理不饶人，再大的德慢慢也被消耗掉了。当然，俭的这种收敛一定是相对的，潜龙勿用，当一个人力量还没有那么大的时候，要懂得积蓄力量，蓄势待发，一旦时机到了，飞龙在天的时候，一定要大动特动，好好展现。这就是君子藏器于身，待时而动，就像二十四节气的惊蛰一样，'惊'为震惊、启动之意，'蛰'为潜伏、蛰藏之意。惊蛰节气，经过一个冬天的藏，万物开始复苏，阳气涌动，潜伏在地下的生气开始向上生发生长，小草开始发芽，蛰虫也开始走动，农民开始耕种，大自然变得生机勃勃，开始热闹起来了！

"一年有春夏秋冬四季，一天也有春夏秋冬——早晨阳气初生，相当于春天，晚上阴气生，相当于冬天，该藏了，也就是要休息了。再如，穿衣服也是如此，把身体收起来、藏起来是为了避风，君子避风如避箭，要避免背部、头部、颈部、腹部等受风寒。相反，衣服穿得太暴露就不俭了。

"其次，俭其心——收心。

"收什么心呢？把人的歪心、钩心、偏心、虚荣心等收起来，这些心会让人越来越小。为什么要收心呢？只有将这些心收起来了，才能给正心、善心、丹心等留出足够的空间。一个人有欲望的时候要收心，做善事也需要收心。古代有钱的正人君子过年过节都不忘做善事，惦记着没钱过年的穷人，如果哪家没有贴窗花和对联，门窗也是破破烂烂的，他就让用人把碎银两包好送过去——偷偷地送，不大张旗鼓地送。

"如果做了一点好事就宣扬，那就偏离做善事的本心了。《朱子家训》中有这样一句话：'善欲人见，不是真善。'做了好事想让他人看见，便不是真正的善。为善不欲人知，因为他不求名、不求利，更不望回报，这个就是收心，即为俭，俭以养德。

"再次，俭其行——收拾。

"何谓俭其行？平时的一切行为都要符合俭的标准，大事如此，小事更要如此。就像剑用完要收起来，剪子剪完也要合起来，平时用完的东西物归原处，放到盒子里，这叫收拾。收拾也是收藏的一种，都是收敛的表现，也都是在给自己养德。为什么柜子要有门？意思是用完要关上。为什么茶壶有盖子？意思是用完要盖上。孩子写完作业必须收拾桌子，成年人一天工作结束之后也要收拾好桌子，保持房间桌子的整洁也是在养德。

"所以很多妈妈非常勤劳，每天都把家里收拾得干干净净，这个就是俭以养德。孩子更需要学会收拾，如果房间乱七八糟的，一直处在这种外露外放的状态，也就没有办法蓄养德行。"

听到这里，杜若对鹿鸣说："那你可要好好学学，上次我们几个去你家玩，你房里就乱七八糟，根本没好好收拾，还说什么'凌乱美'，笑死我了。"

突然被揭老底，鹿鸣十分困窘，连忙告饶说："一定改一定改，别说了咱们继续听讲。"

先生看了他俩一眼，继续说道："最后，俭其言——收口。

"为什么要收口呢？我们的想法创造了我们的世界，而我们所说的话又代表了我们的想法，言语就是一个人行为的影子。古人云：'有道德者，绝不泛言；有信义者，必不多言；有才谋者，不发滥言。'多言是心浮气躁的象征，因为口头慷慨的人，行为往往吝啬。收口少言是为了多思、多行。

《论语》有云'君子欲讷于言而敏于行'，孔子教导我们，少说多做，这样才算是君子。"

先生说到这里，拍拍手示意讲完了，又说："如何俭以养德的四个方面我已经讲完了，你们不妨自由讨论一下。"

鹿鸣这会儿不敢发言，他觉得刚才先生瞅他一眼是对他的"警告"，连忙低头唰唰唰地记笔记。杜若倒是想说点什么，不过一时间组织不起语言。小雅拿起笔记本，问道："先生，我从网上看到一些东西，觉得挺有道理。我把它记在本子上了，可以在这里念一下吗？"

先生点头同意了。

小雅站起来，拿起记事本念道："少说直话，太直伤人……"

先生说："讲讲你对这段话的理解。"

小雅答道："少说主要还是要求'收敛'，尤其是管住嘴，正符合'君子讷于言'。"

先生赞许地点着头，说："小雅说得很对。我来总结一下，所谓俭以养德，其实讲的是一种阴阳平衡，是一种中庸的思想，凡事避免过度，永远保持适度。老子《道德经》有言'圣人去甚，去奢，去泰'。'甚''奢''泰'皆有过度、过分的意思。只有'去甚、去奢、去泰'，才能让我们浮躁的心平静下来，复归到恬淡、安宁的状态,才能达到静以修身之目的。"

同学们,"俭"这堂课讲完了,你们掌握了吗?我们下一堂课再见!

扫一扫,听语音讲解版

第二十课　汉

| 金文 | 说文古文 | 楷书1 | 楷书2 |

课间休息时，鹿鸣手里拿着一本老书翻看着，还不时发出笑声。

杜若觉得他的笑声怪怪的，于是走到鹿鸣桌前，趁其不备将那本书一抽，举起来一看，原来是一本二十世纪的《讽刺与幽默》。这是一本老式漫画书，内容以单格讽刺漫画为主。

鹿鸣一时不察被抢走了书，连忙站起来拉着杜若说："别闹啊，我看完给你看。"

杜若背着身，趁机翻看漫画书："别急！我就看看，到底是什么让你这么开心。"

鹿鸣抢不过杜若，只好凑在一边指着书说："你看这个，地理老师问学生'汉水发源于哪里'。"

杜若顺着指引看过去，画的是地理老师提问，学生答不上来，急得满头大汗，于是灵机一动，回答说"汗水发源于头上"。

这个笑话虽老，但鹿鸣他们没看过，倒也博得一笑。笑过之后，杜若把书还给鹿鸣，又问道："那你知道汉水发源于哪里吗？"

鹿鸣坐下回答道："你还真问对人了。这题我知道，汉水发源于秦岭。"

小雅看这边热闹，放下笔走过来，笑道："那你知道汉水为什么叫汉水吗？"

这可超出鹿鸣的知识范围了，正当他抓耳挠腮的时候，先生在台上说："准备上课了同学们，这一课我们就来讲讲'汉'这个字，听完这一课，你们就会知道汉水名字的来由。"

同学们纷纷回到座位上，先生起身在黑板上写下"汉"字的字形变化。

写完后先生放下粉笔，手扶讲台开始上课："《说文》中许慎讲：'汉，漾也，东为沧浪水。難（难）省声'，也就是'難'省去'隹'为声。泉始出山为漾。什么叫漾？漾者长也。汉，漾河。东段被称作沧浪水。许慎的汉水为漾，出自《尚书·禹贡》说：'嶓冢导漾，东流为汉，又东，为沧浪之水。'这是说汉水的源头称漾水，东流之后称汉水，再朝东又称沧浪水了。一水三名，犹如长江之湖北段称荆江，其下游称扬子江。

"对于读音，徐铉等认为应是'堇'声，'难'金文字样就很明了了，'汉'是指水上之难！为什么是难呢？

"因为汉江下面都是激流险滩，汉江看着水很平静，其实下边激流翻滚。因为下面有险滩,有难,所以要小心。我们一看到这个字就是在提醒大家要小心了,要过汉江了,引申为中华民族时刻要有忧患意识。

"因为汉水很险,所以古人要祭祀汉水之神,难加单人旁,为'傩'(nuó)。大傩,就是上古时期的一种巫,戴着面具在这跳舞。今人腊岁前一日,击鼓驱疫,谓之逐疫,都跟汉水有关。

"《说文》的古文'汉(漢)'字,左边为'水',右边是一个'或','或'是国、疆域的意思,以水为界的疆域城邦。其更清晰地说明以'漢'定国名、定民族称谓的由来!右下为'大',特指大人,就是古之圣贤或王。

"也有的解释说下面不是'大',而是'火'或者'土'。但究其根本而言,我认为还是'大',因为定国之后,必须有大人来治理天下,传承大道。这个'大'就是最早上古传承中华文化的人,我们称他们为圣贤,或者是真人、至人、巫等,站在国之中、四域之中,旁边有汉水。这个人在那站着干什么?做大人。何谓大人?《易经·乾卦》里讲到的'夫大人者,与天地合其德,与日月合其明,与四时合其序,与鬼神合其吉凶'。所以几千年的中华文明不断地经历这些激流险滩,经历这些磨难,然后自强不息,最后走成了大汉文明。

"'汉'这个字,对我们来说会有格外特殊的感情。'汉'的文化意义和内涵,就在于汉民族是苦难中来的生存思想。只有经历大灾大难,有忧患意识,才是汉。我们的祖先一直在告诉我们,要如临深渊、如履薄冰。为什么?讲的都是这条河上的学问。而这条河恰恰就连接了江河，而这个地方就是中国古代讲的中原，所以我们讲的话叫汉语，我们叫汉人。

"中国字，中国魂。'汉'字不仅是一种生活方式，更是一种表达方式。每个中国人都应该通过文字拨云见日，通过对中国文化的这种经典的认识，去了解我们的祖先曾经多么伟大，然后我们再在这片土地上创造更加灿烂的文明，这个叫民族复兴。"

"先生讲得真好。"学生们暗自赞叹。

看到先生讲完了一小节停下来，小雅举手问道："我在古诗里读到过'星汉'，它们是一样的解释吗？"

先生喝了水，放下杯子，答道："汉，银河，也称银汉、星汉、天汉。汉水的由来就与这有关系。

"汉者，天汉也，乃浩瀚星空或宇宙的代称，夏天时候，夜空中闪闪发亮的银河和古汉水奔流入海的走势是一致的，汉水，即地上的天河，其源头就被称为天水。古汉水流域，是祖先们最早生活的土地，汉文明正是从此发源，并逐渐散播到黄河流域的中原地带和长江流域，它是长江和黄河的纽带。"

学生们恍然大悟："原来是这样。"

先生接着讲："为什么我们这个民族的文化一直生生不息，为什么五千年文明从未中断？因为'汉'的精神内涵早已植根在华夏子孙的血液之中，这是一种忧患意识，这是一种苦难辉煌。洪水来了，我们不是造一艘挪亚方舟逃离，而是治水。困难来临的时候，不是逃避，而是迎难而上。

"我们这个民族在伟大复兴的过程中一定会遇到重重阻碍和

困难，但只要我们时刻保持'汉'的精神、'汉'的思维，我们就一定能实现伟大复兴的目标！"

同学们，"汉"这堂课讲完了，你们掌握了吗？我们下一堂课再见！

扫一扫，听语音讲解版

第二十一课　唐

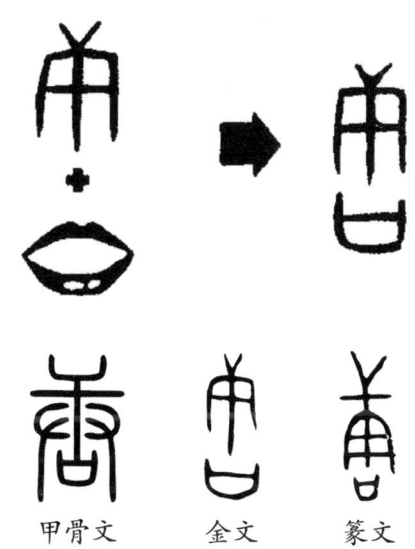

甲骨文　　金文　　篆文

今天是书院的课外观影日，先生给学生们放了一部纪录片，名叫《唐人街》，介绍了世界各地唐人街的来历，重点讲了旧金山唐人街的历史。

看完纪录片后，先生向学生们提了个问题："为什么叫作唐人街？"

杜若答道："因为唐朝在历史上的地位，以及对海外的巨大影响，在国外聚居的中国人就把聚居地叫作唐人街。"

小雅说:"我给小若补充一下,历史上唐朝的影响就遍及亚欧大陆,到宋明时期,海外诸国对中国的称呼多以'唐'代称。最早在国外聚居的中国人把住地称为大唐街,到了近代才改为唐人街,唐人街的英文译名 Chinatown 出现得更晚。"

先生问道:"那你们对唐朝有什么印象?"

鹿鸣说:"有唐太宗李世民,对了,还有历史上唯一的女皇帝武则天。"

杜若说:"还有安史之乱。"

小雅笑道:"那我就说点别的,凌烟阁二十四将……还有黄巢的诗。"

鹿鸣也想起来了,说道:"对对对,满城尽带黄金甲,小雅一说我就想到了这个。"

先生又问:"我们说完历史,再来学学这个字。你们每个人能说出一个'唐'的释义吗?"

鹿鸣说:"是朝代名和姓氏。"

杜若撇撇嘴:"简单的都被你抢先了,你还真能啊。"

鹿鸣笑道:"那你说个呗。"

杜若一点不慌:"正好我最近在读《诗经》,读到《鄘风·桑中》里写'爱采唐矣,沬之乡矣'。这里的唐,指的是菟丝子。"

鹿鸣大吃一惊:"哟嗬,难不住你。小雅呢?"

小雅笑道:"那你更别想难住我。唐,还有空虚和广大的意思,也可以作池塘讲,不过这些都是文言里的应用。"

先生很高兴,学生们不但能读书,而且能学为所用。他高兴

地说:"你们说得很好,现在我们来正式讲课吧。

"首先还是先从字形讲起。甲骨文和金文的唐字,上面为'庚',下面为'口','庚',表示农耕中装土的有柄的箕,郭沫若以为是古代一种有耳可摇的乐器,也有的认为庚是一中空的器具,商代指能悬挂的大钟。

"'唐'最初为帝尧政权的称号,帝尧又被称为唐尧,是传说中父系氏族社会后期部落联盟领袖。帝喾之子,祁姓,名放勋,原封于唐,故称陶唐氏。'唐'和'尧'是制陶的两个重要环节,'唐'是选土在泥池中捣制陶泥,'尧'是将做好的陶坯烧制成陶器。古人用'唐尧'敬称最早在民间推广捣泥制陶技术的部落联盟首领。

"《玉篇》释'唐':'尧称唐者,荡荡道德至大之貌。'《论衡》中说:'唐、虞、夏、殷、周者,功德之名,盛隆之意。故唐之为言荡荡也。'

"我们再来说说唐朝。唐朝最早指的是'古唐朝',又叫'陶唐王朝',是上古时代唐尧建立的王朝,其前身为古唐国。古唐朝历经两位君主——唐尧及丹朱70多年的统治,后被东夷族有虞氏首领姚重华(即舜)所建立的虞朝取代,两朝在政治制度上有着继承关系,所以后人经常将两者并称为'唐虞'。后来唐便作为百家姓中常用的姓之一,其起源主要有两支:第一支出自祁姓,源于上古五帝的帝尧。第二支出自姬姓,源于春秋战国时期一个国号为唐的姬姓诸侯国。

"公元617年,唐高祖李渊在太原以隋唐王之爵寻即皇帝位。

开启大唐290年之历史。通过贞观之治到开元盛世，唐在华夏文明的孕育中，展现了其包容兼具、同根而化之能力，不仅同在大陆板块的周边纷纷纳降称番，及至现今东南亚、东欧等有海域阻隔之邻国也是定点学习，形成了万邦来贺之空前盛况。由此及彼，被请去交流和做生意的中国人，在世界各地的集居点被称为'唐人街'，中国人的服装被称为'唐装'。在中国历史上，如果说汉朝以武力取天下，那么唐朝则是开创了以文治取天下的盛举。"

同学们，"唐"这堂课讲完了，你们掌握了吗？我们下一堂课再见！

第二十二课　宋

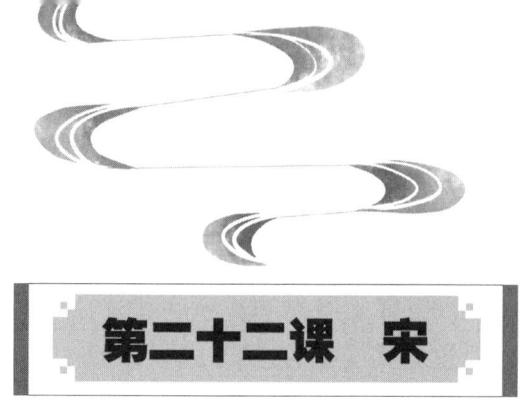

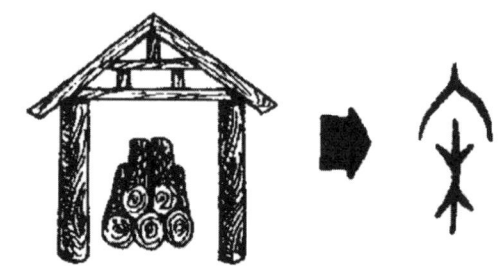

甲骨文　　金文　　战国文字　　篆文　　隶书　　楷书

学生们进入教室的时候，黑板上已经写好了几个不同字体的"宋"，显然就是今天上课的内容。

先生说："昨天我们讲了'唐'，今天就讲讲'宋'。谁来说一说对这个字的认识。"

鹿鸣连忙站起来说："我先说。宋是历史上的朝代名，宋也是姓，我有一个朋友就姓宋。"

杜若说："唉，不是我说你，鹿鸣你每次抢先就是为了讲这些尽人皆知的东西吗？"

鹿鸣气得牙痒痒："胡说！我这是踊跃回答问题！"

小雅出来打圆场："好啦，小若不要逗他了。我来回答先生的问题，宋确实在历史上常用作朝代名，最早的是周朝的诸侯国，位置在如今的河南商丘一带。然后是南北朝时期的刘宋，和赵匡胤建立的北宋。说起来，赵匡胤陈桥兵变后将国号定为宋，就是因为当时他的地盘在商丘一带，后周时期这里被称为宋州。"

先生笑道："小雅讲得很详细，还有补充的吗？"

杜若说："我姨妈是教声乐的，我偶然知道一个很偏门的知识，'宋'是响度单位，1宋等于1000毫宋，1毫宋是人耳能听到的最低声音响度。"

先生欣慰地点点头说："那么，你们知道哪些含有'宋'字的成语呢？"

小雅答道："宋襄之仁，比喻像宋襄公那样对敌人讲究仁慈的可笑行为。这个成语出自《左传》，讲的是宋襄公在与楚军对阵时，否决部下的建议不肯趁对方不备进行突袭，非要等楚军列好阵势再进行对决，结果输掉了战争。"

鹿鸣说："这个成语我在电视剧《天龙八部》里看到过，当时还不懂什么意思，原来是这么回事。"

先生笑道："好，现在我已经了解了你们对'宋'这个字的认识，下面就正式上课吧。

"还是先从字形讲起。甲骨文的'宋'字，上面'宀'（mián）为房子，下面为'木'。人们要安居，就离不开用木材盖房子、做家具,所以'宋'的本意为居住或原始的房屋。

"《说文》:'宋,居也。''宀'下之'木',徐中舒认为'像以木为梁柱而成地上居宅之形'。其实'宋''宗'音义同源,最初都为专门供奉着祖先牌位的祠堂,后引申为守护的那群人。夏商周时期,华夏各族还比较集中,祖宗牌位由血统纯正并掌握核心权力的人供奉。'宗'是有牺牲祭祀,而'宋'庙的供奉相对朴素,注重的是神木牌位而非牺牲。西周武王伐纣后,迁殷人于商丘,派微子立庙以祭祀,称之为'宋'。《尚书》记载'惟殷先人有典有册','宋'下之木也正是体现了殷人文献的发达。

"除此之外,宋还有很多其他含义。其一,周朝的诸侯国名,周武王灭商后,封商纣王帝辛的儿子武庚于商旧都,今河南商丘。至成王时,武庚叛乱被杀,周公将其地封与纣的庶兄微子启,号宋公,为宋国。

"其二,刚才鹿鸣说过的,宋表示姓氏。

"其三,宋表示朝代名,即我国历史上著名的宋朝。公元960年,赵匡胤在陈桥兵变中'黄袍加身',回至开封不费一兵一卒以禅位之形式受大宝,因自己的藩镇所在地为商丘,故以'宋'为国号,史称宋太祖。范仲淹称其功勋'罢诸侯之兵,革五代之暴,垂八十年,天下无祸乱之忧',程颐更是称:'太祖之有天下,救五代之乱,不戮一人,自古无之,非汉、唐可比,固知赵氏之祀安于泰山。'在中国历史上,宋之为国,太祖的'戏'的确演得很成功也很漂亮。

"华夏文明,在经历了汉唐的南征北战、天下一统之后,时至宋朝,物质极度发达,又在宋皇族的重文抑武之国策下,文化发展也达到了历史的高峰。无论是学术开创,还是作品之丰满,都是华夏文明最繁华之时期。

"从'唐'到'宋',汉唐似乎更符合'宗'字的意义,有血腥、有功业。而宋朝更贴切于这个'宋'字,淳朴、简约、仁德。只是天道循环,鼎革反复,在损益之道下,只有二者统一,才能与时偕行!"

同学们,"宋"这堂课讲完了,你们掌握了吗?我们下一堂课再见!

扫一扫,听语音讲解版

第二十三课　历

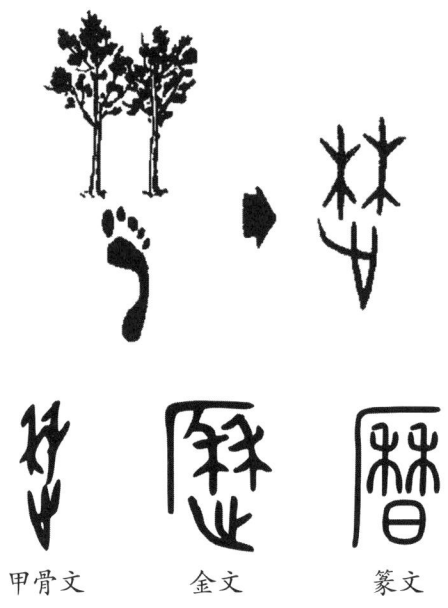

甲骨文　　金文　　篆文

又到了每周的"读书心得"小组活动环节，学生们围坐在一张书桌前，面前摆着自己最近看的书。有趣的是，这周鹿鸣、小雅、杜若三个人选择的竟然是同一类的书。

鹿鸣面前摆着的是《中国通史简编》，杜若跟前的是《万历十五年》，而小雅看得比较偏门，是《近代华南海盗纪事》。

《中国通史》有不少版本，这本《中国通史简编》是范文澜先生所著，也是鹿鸣的爸爸推荐给他看的。《万历十五年》是黄仁宇先生的作品，角度与普通的历史书有所不同，这本书是杜若的历史老师推荐的。小雅的书则是她自己找的，她喜欢看这种历史的边角料，尤其是这本书的作者身为一个外国人不但深入沿海海盗群体还拍下了许多老照片，这可以说是相当珍贵的。

学生们交换着读书心得，先生趁他们休息的时候问道："你们觉得读书，尤其是读历史书，能得到些什么？"

鹿鸣说："读史可以明智，从历史书中可以学习历史的经验教训，使自己增长知识和经验。"

杜若说："我爸爸说，读历史书，不在于细究历史事件，要看历史人物当时的环境和决策——不过他说的我还不是太理解，只能先记着。"

小雅说："我读历史只是觉得好玩，那些历史碎片就像散落的珍珠，一想到这些东西都曾活生生存在于历史中就能让我感到激动，也许某一天我们也会成为历史的一部分。"

先生欣慰地点着头，说："你们都有自己的看法，即便现在没有，也有足够的指导，这一点很难得，我相信你们能找到学习历史的快乐。言归正传，今天我们就来学习一下历史的'历'。

"首先来看字形和字义。甲骨文的'历'字，上部是两棵禾苗，表示一行一行的庄稼，下面是一只脚（止），表示从一行一行的庄稼中走过。金文加了'厂'字，读作 hǎn，'厂'不是我们现在理解的工厂，它是崖岸的形象，也是河流侧面山岩的形象。表示在山崖之前种有一行行整齐的庄稼。

"中国的地形如山西是'两山之间夹一川',如果有一个侧面的山崖,下面一定是河水。水边就能种庄稼。一只脚从这走过去是一个什么状态?一步步地走过,就是经过的意思,由这一本义又可以引申为逐个的、一件一件的,所以有'历历在目'这个词,一件件清晰地呈现在眼前。时间的推移也是如此,一个月一个月、一年一年地向前推进,所以历法的'曆'字,下面的'日'代替了'止',歷和曆其实都是历的古体字。《孔子家语》中说'孔子历阶而进,以公退'。意思是孔子一步一个台阶,迅速地登上土坛,带着定公退回。

"《广雅·释诂》:'历,行也。'《说文》:'历,过也,经过。'除此之外,历还表示纪时法,如历法、阴历、阳历。

"历的核心。数量——人生就是无数经历的总和。经历的事和体验到的感受塑造了一个人,学到的是知识,体验到了才是自己的,经历有多丰富就有多丰富的人生,比如看书一小时就是你一小时的人生,生气一下午就是你一下午的人生,纠结一中午就是你一中午的人生。要想有不一样的人生就要有不一样的经历。要想成为超人就要有超越普通人的经历,幸福的人生就是幸福的经历,所以人生就是无数经历的总和。

"体量——立体的经历才能产生立体的思维。很多人学了很多,好像啥都明白,但当问题一来临的时候就不会解决了。为什么?因为缺少经历。只要没有经历到,所学都用不出来,也就是我们常说的'知行不合一'。读万卷书还要行万里路,人生需要立体、多元的经历，立体的经历是为了锻炼立体的思维方式和思考角度，见多识广自然知道如何解决问题。

"其次，经历过了才能生出自信和气质。自信从体验来，有体验就有自信，没体验就没有自信。经历多了才会淡定从容，气定神闲才能产生气质。

"最后，经历无关好坏，好的需要经历，不好的也需要体验，比如，我们固然需要成功的经历，但失败的体验也必不可少，犯错也是经历的一部分，一个从没有犯错的人可能更容易犯大错。

"质量——千百次的说教不如一次刻骨铭心的体验。经历有很多，但是只有全力以赴的经历才会有更深刻的体验。初恋之所以刻骨铭心，是因为少男少女全情的投入和付出，再比如小时候调皮的男生突然就懂事起来，可能是有过某些刻骨铭心的体验甚至是变故，越是刻骨铭心的经历越容易让人成熟起来。

"'历'字最妙的地方就是'歷'和'曆'的两种写法，'歷'下面为止，止是用脚走出来的，我们可以用脚走到现在的很多空间，甚至是月球上，但是我们却没法用脚走到2500年前或是2500年后。

"'曆'下为日，地球绕着太阳转一圈为一年，古人观察日影也是为了测时间，记录每个时间发生的事叫历史，我们这个民族是最重视历史的民族，一个人一生所创造的财富他也带不到死后的世界，那到底什么可以在历史中留下'足迹'呢？

"儒家讲三不朽，太上有立德，其次有立功，其次有立言，这就是中国人的历史意识，不仅仅是为了这一生而活，还要在历史中留下你的德行、你的足迹、你的声音。

"其一'历'字下面为'止'，止为脚趾，强调要脚踏实地，按部就班，一步步渐进，不能急，引申为做事必须下足功夫，锻炼自己的硬实力，不能投机取巧，拔苗助长。

"其二，最大的收获就是经历了它。如上大学，最大的收获是上过了，其次才是所学的专业技能。

"其三，经历过才能真正放下。现在有很多人年纪轻轻，无欲无求，还美其名曰'佛系'，这都是自欺欺人，没得到过说放下都是假的。一个人的学历固然重要，但是阅历和经历更加重要。

"读万卷书行万里路。孔子周游列国的14年，经历了种种磨难，最终走出了大成至圣先师。史上最伟大的历史作品之一《史记》，也是司马迁在壮游后完成的。壮游，谓怀抱壮志而远游。司马迁是其父太史公司马谈刻意栽培的接班人。他从10岁开始读万卷书，父亲为他延请当时大儒孔安国、董仲舒为师；20岁那年，司马谈给他一辆马车，指导他有目标、有计划地到广阔社会中实地考察，接触壮丽河山和四方之民的生活习俗，并搜求历史传说与各种史料。司马迁圆满地完成了这次学术旅行，读无字之书，禀山川豪气。

"司马迁去到曲阜，感叹道：'高山仰止，景行行止。虽不能至，然心向往之。'斯人已去，但是他的精神仍在，司马迁用自己的双脚走到了他所崇拜的孔子当年生活的空间，去和孔子的精神链接，最后终于能'究天人之际，通古今之变，成一家之言'。穿越空间的尽头才能触摸时间的心跳，从'歷'到'曆'，是为往圣继绝学，是为万世开太平。"

同学们，"历"这堂课讲完了，你们掌握了吗？我们下一堂课再见！

扫一扫，听语音讲解版

第二十四课　儒

甲骨文（需）　　金文（需）　　篆文

上课前，学生们都在看课外书放松。

鹿鸣放下书揉揉眼睛，拿起水杯喝了一口后，看到讲台上先生正翻着《论语》，好奇地问道："先生，今天我们学哪个字？"

先生放下书，放入书签，抚平褶子，这才说道："今天我们要讲的是'儒'。"

于是，同学们纷纷讨论开来。鹿鸣说："我知道一个词'儒雅'，指的是读书人温文尔雅的风范。我爸常说希望我做一个儒雅的人，但我妈说我性格太活泼，这个词跟我完全不沾边。"

杜若说："我知道的'儒家'，是春秋战国时期以孔子、孟子为代表的一种文化流派。"

小雅说："'儒'在殷商时期是术士的代称，是主持丧葬仪式的人。"

先生点点头，拿起粉笔在黑板上写下几个不同字形的"儒"，然后说道："很好，你们都讲了自己所知的'儒'，那么我们接下来就从字形字义开始讲解这个字。

"我们先来看看字形。著名的甲骨文专家徐中舒认为甲骨文中的'需'字，就是'儒'的本字。甲骨文中的'需'字，一个'大'，然后是分布在两侧的四点。金文'需'更形象，上面就是'雨'，下面是一个'大'即大人。大人是什么？《易经》讲得明明白白：'夫大人者，与天地合其德，与日月合其明，与四时合其序，与鬼神合其吉凶。'古时，圣人明王合一。（演变至篆文，字形为上'雨'下'而'，下部的"而"其实是人形的讹变。隶定之后，就是'需'的样子。）

"徐中舒在《甲骨文中所见的儒》一文中指出，上古原始宗教举行祭礼之前，司礼者必斋戒沐浴，以示诚敬，'儒'的原型就是主持祭祀仪式的主祭者。孔子说'儒者澡身浴德'，这也是基于'儒''需'的字形来说。

"'需'作为'儒'，还有一种解释。即其中的'大'是为大人，其中的'四点水'是借用水的柔顺的属性，合起来就是大人以身作则，让社会遵循追随。上古时期没有律法，古人遇到纠纷或不了解的事情，往往会求助于'大人'。

"再来看看字义。《说文》对'儒'的解释为'儒，柔也，术士之称，从人需声'。古代指有某种特殊技能的人。《周易》需卦中，'需'就有两种读音，需（xū）于郊、需（xū）于沙、需（xū）于泥，而需（xú）于血（需同濡）。许慎说的从人需声是（xú）声。

"段玉裁《说文解字注》更明确地指出：'儒者，濡也。以先

王之道能濡其身……'

"除此之外,扬雄在《法言·君子》中说:'通天地之人曰儒。'一事不知,儒者之耻,因此儒者的标准就是通天达地,古代对有智慧的人的形容'上知天文,下知地理',其实就是儒者的样子。《论衡·超奇》则指出'能说一经者为儒生'。

"对解释许慎的'儒,柔也',胡适《说儒》中说,'周初的儒都是殷人,都是殷的遗民,他们穿戴殷的古衣冠,习行殷的古礼'。胡适认为商朝无儒,周初那些自觉保留了殷商文明的前朝遗民才能够被称为儒。其中一部分殷人在亡国之后沦落为执丧礼者,而周人对殷商遗民比较蔑视,于是'儒'就成为周朝社会对此类术士的蔑称,进而这种文化人士只能以柔弱之势存在。

"章太炎观点的重点在于术士,'儒者,术士也',认为'儒'是指一种以宗教为生的职业,负责治丧、祭神等各种宗教仪式,'儒本求雨之师,故衍化为术士之称'。值得一提的是,章太炎已经判断出需与儒的关系,'儒之名盖出于需。需者,云上于天,而儒亦知天文,识旱涝'。天地之间,水火为最重要的生活元素。在燧人氏钻木取火以后,取火和保存火都已经不是什么难事。而在旱灾之时,雨水的需求却是那么困难和迫切。而'需'就是担当这个重要任务的人。在远古的社会,他必须是能把握天地规律,能解决重大问题的人,也就是掌握道的人。

"儒家通常指的是孔子所创立的思想学派,但其实儒家思想不是孔子的独创,而是源于司徒之官。司徒就是上古时期的教育部部长，负责教化天下百姓的。《汉书·艺文志》记载，儒家者流，盖出于司徒之官，助人君顺阴阳明教化者也。儒家之学还起源于宗社礼乐典章文物之学，儒师则是祭祀天地祖先社稷的祭师。

"所以说儒家就是教育人的学派，是专业的士人教育。五帝时期就产生了儒家思想，后经夏商两个朝代传到周朝，而奠定周朝文化意识形态的人正是周公。鲁国为周公的封地，孔子的精神导师就是周公，孔子少时的家就在鲁国太庙旁，从小耳濡目染。周公制礼作乐，传的是上古圣王之道，而孔子想要恢复的正是周公的礼乐文明盛世。孔子师承文王周公之道，笔削六经，把文王周公之道继续往下传，这个道就是圣王之道。说得通俗点，儒家思想是教育一个王如何成为一个更好的王，教育一个士人如何协助王治理国家的。

"前面说过，'儒'就是甲骨文的'需'字，而需卦为《易经》的第五卦，'云上于天，需；君子以饮食宴乐'。需卦的卦义就是以'人之需'来阐述天地人之道的。

"饮食本身也是文化，不同地域的饮食习惯不同，比如广东人善煲汤，他们会把各种药材和食材放在一起，以起到不同的养生效果。广东地区湿气重，在煲汤的时候就放入五指毛桃、土茯苓等，这也可达到很好的祛湿效果，季节不同，煲汤的药材也有所变化。看似简单的煲汤背后却是老百姓生活各种需要。

"孔子说过'吾与史、巫同途而殊归也，吾求其德而已'，从孔子开始儒脱离了巫的范围。《孔子家语·儒行解》中，开始哀公明显代表着当时的潮流，轻视儒者，问孔子：'夫子之服，其儒服与？'因为孔子戴的是'章甫之冠'，'章甫之冠'就是殷商遗民在宋还保留的冠戴。孔子以'君子之学也博，其服也乡，丘未知其为儒服'为驳，其后详细阐述了儒者的'十八条天则'！哀公'得闻此言，言加信，行加敬。曰：终殁吾世，弗复以儒为戏矣！'这就是儒家的代表孔子，把'儒'从小人儒引向了君子儒，以'仁'助君王平天下！经过几代儒者的努力，到战国时，荀子提出了'大儒，非圣人莫之能为！'以至于到汉朝，汉武帝选择了董仲舒的'天人三策'而'罢黜百家，独尊儒术'，儒终于和王政紧紧地结合在了一起。其后两千多年，华夏的读书人都因被称为'儒'者而骄傲！后人把'需'上的'雨'也解释为'天一生水'的智慧之水、生命之水、根本之水。

"总结来说，不管是通天达地的人也好，术士也好，大人也好，儒都是寄托了大家对读书人的期待和尊重，'儒'就是开启智慧、沐浴在上天智慧之水下的经世济民的大人！"

同学们，"儒"这堂课讲完了，你们掌握了吗？我们下一堂课再见！

扫一扫，听语音讲解版

第二十五课 企

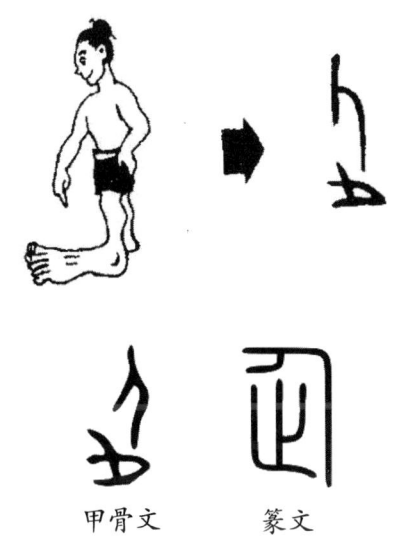

甲骨文　　　篆文

上课前，鹿鸣拿着平板看关于南极企鹅的纪录片，小雅和杜若凑在两边一起看，还边看边讨论。

杜若说："企鹅看起来没有脖子和腿，实际上是被厚厚的羽毛和脂肪挡住了，我还以为它们就那个憨憨的样子。"

小雅说："你看着企鹅笨笨的，实际上它还是挺灵活的。"

鹿鸣突然问道："你们知道为什么叫企鹅吗？"

小雅答道："据我所知，企鹅的命名实际上已经不可考，不过有几种说法，各有道理。"

杜若好奇地问："哪几种？你快说说。"

小雅看到鹿鸣也好奇地看过来，笑着说道："我认为最靠谱的一种说法是，企鹅的'企'来自它的动作，时常踮着脚眺望远方，这与'企'的中文含义非常贴合。"

鹿鸣被勾起了兴趣，追问道："那还有呢？"

小雅说："还有一种解释是，企鹅的形体看起来很像'企'字。"

杜若挠头说："像吗？我感觉不是特别像啊。"

这时候，讲台上的先生站起来在黑板上写下了几个不同古体字形的"企"，其中就有小篆的"企"。

台下的学生们看到这个小篆的"企"字，都恍然大悟。鹿鸣嘴快，第一个说道："这样就很像了！"

先生笑着说："既然你们都说到这里了，正好也到上课时间了，我们就来讲讲这个'企'字。

"我们先来看看它的字形，'企'上面是面朝左站立的一个人，下面为'止'，通'趾'，像抬起脚后跟的样子。它的字义是什么呢？《说文》中提到'企，举踵也'。踵就是脚后跟。企的本义为踮起脚后跟。踮起脚自然能够看得更远，所以引申为盼望、希望的意思，如《汉书·高帝纪》'日夜企而望归'。

"我们可以从静态和动态两个角度来阐述'企'这个字，这有助于我们彻底掌握这个字。想象下你在一个演唱会的现场，人山人海，根本看不清台上的歌手，这个时候你就会踮起脚跟以便看得更远，这是静态的企。但是这种状态不可持久，因为你没有办法一直踮着脚，累的时候还得是整个脚着地，这才是放松的状态。

"其次，奥运会比赛中最激烈的比赛当数百米飞人大战了，你会发现，他们穿的都是钉子鞋，鞋底的前脚掌上有许多带尖的铁钉子。运动员要想跑得快就必须蹬地有力，以便产生更大的爆发力。穿上钉子鞋跑步，在蹬地时钉子就会扎进跑道，等抬腿迈步时，钉子又能很容易地拔出来。这样，运动员脚踏地时不再打滑，再借助蹬地时产生的反作用力，可以蓄积更大的力量，跑得更快。因为钉子在前脚掌，整个过程中运动员始终是前脚掌着地，而后脚跟始终保持抬起，这个就是'企'的动态状态了。

"请大家思考，百米可以穿钉子鞋，但如果是马拉松比赛呢？如果一直穿着钉子鞋，保持脚后跟抬起的状态，能跑完几十公里吗？这个问题搞清楚了，我们就能读懂老子讲的'企者不立'了。

"企是短暂的，立才是长久的，而稳则是长久的核心。'企'是目标，'立'是行动，目标是志存高远，行动则脚踏实地。目标是最初的梦想，一旦确立，天天盯着目标是没有办法立住的，只有通过踏实稳定长久的行动才能离目标越来越近，才能立住。

"'企'的本义为企图，为向前。企下面的'止'本义为脚趾，趾者，止也。'企'这个字也是在提醒我们在前行的过程中，不能只顾着往前冲，而要知道什么时候该停下来，适行则行，适止则止。

"很多家长让孩子学这个学那个，最后没有一个学得精深的，就是因为没有学会'止'，光想着'企'了。企就是欲望，过多的欲望和事情消耗了孩子的神，所以很多孩子没法专注。删除多余的，孩子才能更聚焦，专注力才能提升。"

同学们，"企"这堂课讲完了，你们掌握了吗？我们下一堂课再见！

扫一扫，听语音讲解版

第二十六课　业

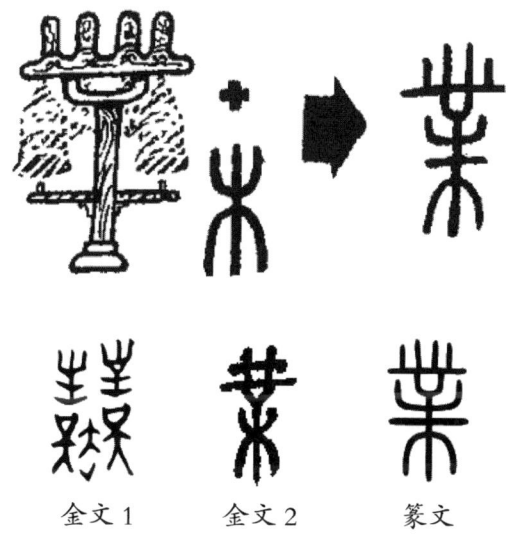

金文1　　金文2　　篆文

一天，书院的全体师生来到海滩游玩。

天气晴好，碧空如洗，湛蓝的天空中没有一丝云朵，站在海边能闻到海中吹来的咸湿的海风。空中偶尔传来海鸥的鸣叫，但大多数时间仍旧只有无情的海浪不知疲倦地拍打着海岸，发出乏味且规律的呜咽。

沙滩上有孩子在奔跑，还有套着游泳圈的初学者在教练指导下正小心翼翼地练习。

先生让学生们自己玩。鹿鸣提议堆沙子,女生们同意了,于是大家一起开心地玩起了沙子。

鹿鸣想要堆长城,杜若想堆城堡——最终鹿鸣的方案获得通过。因为杜若在小雅的提示下发现堆城堡的难度实在太大,不如鹿鸣的方案简单。

虽然选择了较为简单的方案,但堆长城仍旧不是一个简单的工作。三个人努力了很久,但沙子堆到一定高度就会散掉。

先生默默看了一会儿,忍不住提醒道:"沙子是有重量的,你们要想办法解决自重压垮支撑的问题。"

鹿鸣恍然道:"对啊,沙子本身结构松散,支撑力差,堆到一定高度就会垮,得想个办法。"

杜若说:"可以加点儿水,湿度加大之后会增加黏性。"

小雅说:"还有个很老的办法。古代人造房子建墙,跟我们堆沙子很相似,他们的解决办法是用两块木板做支撑,两块木

筑墙板1

板之间填充泥土,再垒实成土墙。"

先生说:"小雅说的那种筑墙板叫作'业',你们看字形是不是很形象?两个竖立的条状立在地上,两边还有人扶着。"

鹿鸣笑道:"那先生今天就讲讲'业'这个字吧,我们学会了正好堆沙子。"

先生笑着说:"也好,那我们先坐下来,再来听我讲这个'业'字。"

师生们找到沙滩椅坐下,先生在沙地上写了几个不同字体的"业",然后说道:"我们先从字形讲起。业是古代乐器架子横木上装饰用的大版(版是板的古字),刻得如锯齿状,用来悬挂钟磬等乐器。古代的钟鼓悬挂在架上敲击。架子的直柱名虡(jù),横梁名栒,栒上安有一块刻出或画着锯齿形的木板名叫业,上面还插有羽毛做装饰。'业'的金文字形,像两人托举大版。

"再来讲讲字义。第一个意思,就是小雅说的筑墙板。《尔雅》:大版谓之业。绳之,谓之缩之。郭璞注:'筑墙版也。'

筑墙板2

"第二个意思，大版。《说文》：'业，大版也，所以饰悬钟鼓。'

"第三个意思，书册的夹板。古代书册两端的夹板也称为业，以韦（皮条）穿捆，阅读时解带而展开，《礼记·曲礼》中说'所习必有业'，后来把学习读书称为'业'，如传道授业解惑。

"第四个意思，《广韵》：业，事也。大也。叙也。次也。始也。敬也。严也。

"再来说说傅说（yuè）举于版筑之间这个故事。版筑是我国古代修建墙体的一种技术，指筑土墙——把土夹在两块木板中间，用杵捣坚实，就成为墙。

"金文'业'的另一种解释，上部为'辛'，即刑具，用以指代奴隶，下部为'木'，即版筑的大木板。表示奴隶在监管下劳作。这应该是业这个字最早的起源，而钟鼓架上的木板则与筑墙板类似，故而引申。

"古代用版筑营造宗庙宫室，自然是奴隶劳动。而发明'版筑术'的就是一位非常有名的奴隶——傅说，《孟子》中说'傅说举于版筑之间'，傅说最早是在傅险做苦役的奴隶，从事版筑的劳作。一天夜里，商王武丁梦见了一位圣人，叫说（yuè）。第二天就按照梦中人的模样对照百官，却没有一样的，于是派人四处查找，最终在一个叫傅险的地方找到了说，即傅说，后来拜为宰相。傅说拜相后为武丁出谋划策，整治朝纲，发展农业、畜牧业，苦练军队。在傅说的精心部署下，国内的形势井然有序。在对外的政策上，与邻友好，合作共赢，对敢侵犯、袭扰的国家或部落予以坚决的还击，直至其臣服。商朝就这样渐渐变得越来越强大，史称'武丁中兴'或'武丁盛世'。商王武丁以地名赐姓为傅，故称傅说。

"建造宗庙宫室是非常重要的事，所以'业'引申为事业、功业、基业、建功立业。《易经·系辞》中说道'富有之谓大业'，这句话是在说不断创造财富就叫大业吗？显然不是。真正的富有不仅是物质，更是精神、境界和格局的拥有。让天下富，让百姓有，这个才是大业。真正伟大的事业是付出，而不是据为己有。'

"版筑必须严格依次进行，故引申为次序，《尔雅·释诂》说'业，叙也'。师者，传道授业解惑也。传道为形而上的学问，授业为形而下的手艺，师傅教徒弟手艺，如酿酒、制茶、制陶等，第一步是什么、第二步是什么，必须遵循一定次序才能学会。顺序就等于事实，顺序错了，虽勤苦而难成。

"君子进德修业。人多了，对于房屋的需求就多了，就会有人专门建造房屋，因此业引申为职业、业务，对于学生而言，最重要的业自然是学业了。

"'大学之教也，时教必有正业，退息必有居学'，这句话出自《学记》。'正业'指正课的学习，'居学'指课外的生活和实践。诗、书、礼、乐这些是正课所要学习的内容，但是，除了正课学习之外，还需在退息之余辅之以课外的实践活动，理论结合实际，课堂所学为知，课后活动为行，知行合一，才算是教育的成功。"

听完先生的课,鹿鸣说:"那我们现在学会了用筑墙板的方法堆沙子,算不算理论结合实际呢?"

小雅问他:"你觉得算不算?"

鹿鸣笑着说:"算!"

接着大家都笑了起来。

同学们,"业"这堂课讲完了,你们掌握了吗?我们下一堂课再见!

扫一扫,听语音讲解版

第二十七课 者

甲骨文　　金文　　篆文

今天书院放假，本来说去郊外踏青，结果师生们刚出门没多久，天上就哗啦啦地下起了大雨。

师生们很无奈，只能就近找了一个道边的凉亭暂歇，凉亭里的柱子上写着一些古人的诗句。小雅对这些比较有兴趣，挨个儿看。

杜若发现鹿鸣完全没关注柱子上的诗词，好奇地问："鹿鸣你是不是对诗词不感兴趣？"

鹿鸣拿着手绢擦头发上的水珠，嘴里答道："有一点点吧，也不能说完全不感兴趣，但我是真记不住，每次考我古诗词都会扣分。"

杜若理解地点点头说："我认为古诗词还好，现代人学习'之乎者也'的文言文才觉得难呢。文言文实词也就算了，虚词确实很麻烦，各种指代啊变化啊，我觉得也就小雅这种学霸能轻松记住。"

小雅听到同学们提到她的名字,扭过头笑道:"其实'之乎者也'也有更有趣的说法,就比方'者',它最早就不是现在的用法。"

杜若问道:"那你说说,我还挺有兴趣的。"

小雅笑道:"我知道得很粗浅,只了解到'者'以前不是现在的用法,不如我们去请教一下先生。"

先生听到这里,放下了手里的书说道:"行,那我们今天就来讲讲这个字。确实如小雅所言,'者'最初的意思与现在完全不同。

"甲骨文的'者',上面表示是架起的木柴,下面表示是火堆,点燃火之后火星四溅。'者'是'煮'的本字。金文的'者'将底部的'火'写成'口',表示言说之意,表示部落成员围绕火堆漫谈交流。有的金文则直接将'口'写成'曰',强调交谈之意。篆文将'曰'写成'白',表示说清楚、说明白,进一步强调'者'的'言说'之意。

"'者'的造字本义指燃烧,古代部落生火煮食,聚众漫谈。当'者'的生火煮食本义消失后,再加'火'另造'煮'代替;当'者'的聚火而谈的含义消失后,再加'言'另造'诸'代替。后来'者'借用作特指代词,现在的'者'已经变为虚词,相当于'的',表示具有某种属性的人或事物。

"《说文》曰'者,别事词也',即表示事物判断的代词。就是我们常说的'之乎者也'的'者'。

"'者''诸'古代通用,铜器铭文中,'诸侯'写作'者侯',诸侯的最初含义乃是附属于周王朝的侯国,所以'者侯'的者保存了'附着'这一含义。此外'者兄''者生'就是诸兄、诸生。古代汉语的'者'字,作虚词用,不能独立存在,只能附着于其他词语之后,应是从'者'的附着义衍生过来的。

"'者'还表示人或事,如学者、仁者、智者等。如老子说的'知人者智,自知者明',孔子说的'逝者如斯夫!不舍昼夜'。

"汉字中,实词好理解,虚词看似简单,其实最不好理解。比如'之乎者也',虽然今天多用作助词,但造字的本义却一定也不简单。'者'跟火有关,说直接点就是篝火,篝火晚会自古以来就有,却不仅仅是为了放松娱乐,其背后有着深层次的文化内涵。

"火的发明对人类是大事,西方有普罗米修斯盗火的神话,而中国则是燧人氏钻木取火的传说,一个盗火,一个自己取火,这背后是两种不同文化的处世哲学。火让茹毛饮血的野蛮状态成为历史,《礼记·礼运》:'未有火化,食草木之食,鸟兽之肉,饮其血,茹其毛,未有麻丝,衣其羽皮。'上古时候人们尚不知用火,只能连毛带血生食鸟兽。学会用火是人类进入文明的标志,煮熟烤熟的食物能去掉膻味,并且能消毒——饮食结构发生变化让人类的寿命延长了。

"保留火种就是保留文明的种子,只有生生不息的才是文明。就人类繁衍生息而言亦是如此,古人将家族的延续称为香火不断,用香火象征文明之火,只要家族始终有后代,这个家族就有希望。普天之下，莫贵于人！这是华夏先祖留给我们最真实易懂的至理！

"如何让人口持续增长历来都是国之大事，而'者'的造字本义也来源于此。'者'的上面是木头，点燃之后不仅仅是为了照亮和取暖，木头上也能挂肉烤着吃。《易经》中鼎卦也跟火有关，鼎最早是用来煮食物的，火可以改变食物的性质，从生到熟，意味着革故鼎新。在辞旧迎新的日子或是在草长莺飞的春天，一个部落的人聚集在一起点燃一堆篝火，迎接新年的到来。如果是两个部落的人聚在一起搞个篝火晚会，那就不是辞旧迎新了，而是为了男女相亲，因为同姓不婚，而一个部落都是同姓之人。春天刚好是万物生发的季节，男生女生看对眼了，家族就有希望了。

"而这也是篝火的'篝'之根本意义所在，篝的本字为篝去掉竹字头，甲骨文的'冓'，是两条鱼连接相对，是结合连接之意。"

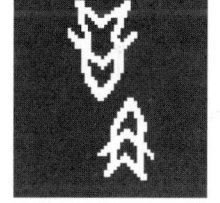

先生最后问道："你们现在知道'者'这个字的变化了吧？"

学生们异口同声地答道："知道啦。"

同学们，"者"这堂课讲完了，你们掌握了吗？我们下一堂课再见！

扫一扫，听语音讲解版

第二十八课　之

甲骨文1　　甲骨文2　　　金文　　　　篆文

上课前，先生想启发一下学生们，便说："今天我们来讲讲'之'这个字，在上课之前，我想让你们先谈谈你们知道的关于'之'的知识。"

鹿鸣答道："先生，我爸妈常对我说'知之为知之，不知为不知'，这算不算呀？"

先生笑道："算，这句话讲的是学习的态度，'之'用作代词，当然算。"

杜若说："我知道'之'可以用在定语和中心词之间，表示领属或者修饰关系，比如'以子之矛攻子之盾'。"

先生肯定地说："没错，这是常见的一个用法。"

小雅想了想，答道："'之'这个字在文言文里的用法更多变一些，我记得《诗经》里有这样的用法，'百尔所思，不如我所之'，这里的'之'不是代词，而是往那里去的意思。"

先生欣喜地点点头说:"小雅说得很对,《诗经》里'之'的用法很多,值得好好研究。那我们就正式开始讲今天的课。

"我们先来看看字形。甲骨文的'之',像树木主干旁边长出树杈之形,或树木主干分成两根枝干,下面一横表示土地。

"《说文》:'之,出也。象艸过中,枝茎益大,有所之。一者,地也。凡之之属皆从之。'意思是之,即长出,像植物过了发芽的阶段,枝茎日益茁壮,有所扩张。底部的'一',代表地面。所有与之相关的字,都采用'之'做偏旁。

"徐灏《说文解字注笺》:之之言滋也,草木滋长也。'之'是滋生的'滋'的初文,本义是滋生、滋长。由滋生引申为发生、出现。《广雅》:之,适也。《玉篇》:之,是也,至也,往也。到了楷书时,'止'字就占用了之字。"

先生说:"接下来我们讲讲'之'的蕴意。

"'之'字为草木发芽,也可以引申为任何的生命,左边代表阳,右边为阴,中间一竖代表生命,底下一横为孕育生命的土壤。观'之'字字形,两边树枝并非折叠上升,而是螺旋形上升。汉字不是平面的,而是立体的,而'之'的甲骨文就是一种立体的螺旋形升发。画一个平面的树枝简单,但是想传达一种螺旋形力道,则需用这种弯曲的斜上岔,而构成生命的基因也是螺旋结构,所以'之'字不仅仅是我们现在常用的虚词,它更是生命的象征。

"'之'像植物种子发芽,冲破泥土,寓意为突破重重障碍,从而最终到达目的地。'之',至也,至就是到达的意思。如何到达?

关键是能量够大、意志力够强，否则只能憋在泥土下面，冲不出来。滚滚河流，如果是兔子过河，马上被水冲走了。大象过河，直接踏破河流就过去了，因为体量足够大。小到一根草，大到一头象，都需要有'之'的这种对于生命渴望的能量，'之'就代表了新生，代表了希望。简化字的'之'已经没有了这种意思。

"《易经》曰：一阴一阳之谓道。'之'就是阴阳和合，正所谓孤阴不生，孤阳不长，阴阳合万物生。'中也者，天下之大本也；和也者，天下之达道也。致中和，天地位焉，万物育焉。'只有到达了中和之境地，万物才能化生。

"'中'是什么？'中'加'禾'就是种，中就是种子，'和'则是阴阳。精子卵子相碰才叫和，和了之后生命才能孕育出来。只有造出新生命之后才叫'之'，才能称为种子。'种子'不是从精子来的，也不是从卵子来的，精子和卵子只是给它一个物质的基础，真正的生命是从精子卵子结合的一瞬间，精卵化掉而释放出的一股气，形成旋涡，像'之'的螺旋形状一样，继而形成能量。能量会吸引能量，在形成旋涡的过程中，能量高就吸引高的能量，能量低就吸引低的能量。

"古人认为，这个瞬间就决定了生命的质量，如果在这一刻，刚好天地中一股正能量来了，这个生命的能量就高，这就是生命。"

同学们，"之"这堂课讲完了，你们掌握了吗？我们下一堂课再见！

扫一扫，听语音讲解版

第二十九课　坎

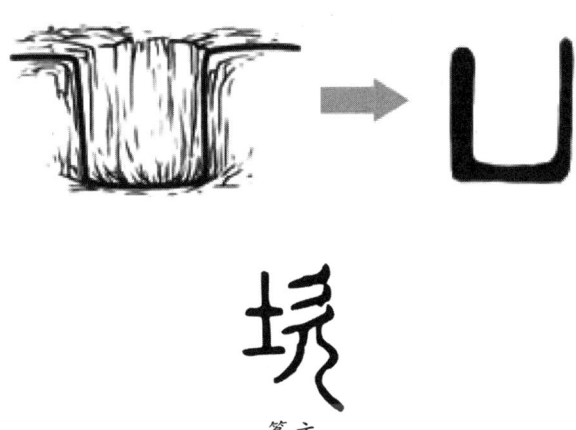

篆文

　　清晨的书院里寂静无声，鹿鸣走进书院，青石板路上回响的只有他的脚步声。

　　进门不久，鹿鸣就碰到了王婶儿，王婶儿正在菜园里挥着锄头垦地。看到这个情形，鹿鸣马上放下书包提起水桶去帮王婶儿打水。

　　没过多久，小雅和杜若也来帮忙。她们力气小，就帮着王婶儿搬运种苗。

　　王婶儿用锄头在田地上凿出一道道土坎，边劳动边给几个学生讲解耕作常识:"这种高低错落的形状,我们管它叫垄,把蔬菜种在上面,有利于排水施肥散热。"

鹿鸣笑道:"我还以为是土坎。"

王婶儿不在意地笑笑说:"咋叫都行,土坎挺形象,可不就是土堆起来的坎儿嘛。"

就在这时,小雅被土坎绊了一下,歪倒在地里,杜若连忙把她扶起来。

小雅说:"我没事,没注意脚下。"

杜若心疼地埋怨道:"你老是不看路,不是磕这里就是碰那里,以后可怎么办呀?"

鹿鸣没心没肺地说:"都说'没有过不去的坎',我看小雅就有过不去的土坎。"

杜若假意挥舞着小拳头说:"你找打呀?"

小雅拍拍裤子上的土,说:"鹿鸣,你再这样下去,很快就有你过不去的坎了。"

鹿鸣露出"害怕"的表情说:"哎呀我错了,姐姐们!"

帮王婶儿忙完,先生也到了,大家走进教室。杜若还在记着鹿鸣的事儿,扶着小雅说:"鹿鸣,今儿你有没有过不去的坎?好好想想啊。"

先生说:"还真巧,今天我正打算跟你们讲讲'坎'这个字。"

鹿鸣连忙借坡下驴,坐到座位上说:"太好了,我最爱学习,先生你快开始上课吧。"

杜若轻轻哼了一声,没再说话。

先生在黑板上写了几个不同的"坎"字，放下粉笔说道："'坎'本义是土坑，小篆的'坎'，左边'土'是形旁，右边'欠'是声旁。《说文》曰'坎，陷也'，表示凹陷的土坑。陷即'险'也。'坎儿'也表示最紧要的地方或时机。

"坎，也可以形容砍伐树木的声音，如《诗经·伐檀》'坎坎伐檀兮，置之河之干兮'。又表示击鼓声，如《诗经·宛丘》'坎其击鼓，宛丘之下'。

"《易经·坎卦》说道：'水洊至，习坎。君子以常德行，习教事。''洊'是重叠连续的意思，水连续不断地流过来，所谓川流不息，不断地冲刷着艰难险阻，'坎'代表险阻，习坎之德是在提醒人们要不畏艰难险阻、不断地练习，目的是强化自己适应各种困难的能力，以便应付各种困难局面。人生不可能都很顺利，具备了习坎之德，在遇到凶险之时，便可有因应之法。《论语》第一句'学而时习之，不亦说乎'，习的不仅仅是礼乐，更重要的是经历人生的磨难。

"《西游记》中唐僧师徒的取经之路，其实就是习坎之旅。孙悟空一个筋斗十万八千里，背着唐僧就可以去西天取经，为什么必须要走着去，而且要经历九九八十一难呢？八十一难就是八十一个坎，一个个'习'过去才能修成正果，有的路是必须要走的，有的磨难是必须要过的。主题曲《敢问路在何方》的歌词也很好地诠释了习坎：'踏平坎坷成大道，斗罢艰险又出发，一番番春秋冬夏，一场场酸甜苦辣，敢问路在何方，路在脚下。'只有把坎坷都经历了、都踏平了才能通向大道，这期间必然会有沮丧、失望、挫折，但是要秉承乾卦自强不息的精神，不管经过多长时间，多少酸甜苦辣，也要继续向前。唐僧师徒经过14年的脚踏实地，终究走出一条康庄大道。孔子一辈子大部分时间也都是郁郁不得志，周游列国14年，遇到各种磨难，差点饿死在陈蔡之地，但是他不放弃，明知不可为而为之。

"为什么人生要习坎而不是要习顺、习赢呢？经历坎坷才能帮助一个人扩容，从而提升自己的承受能力。如果一个人一直很顺，他的心会越来越小，甚至变得自私，特别不希望别人赢。项羽和刘邦打仗，项羽一直赢，刘邦一直输，刘邦输了之后该干吗干吗，屡战屡败。项羽虽然一直赢，心却越来越小，不仅连自己人都包容不了，而且仅有的一次失败就让他一蹶不振，乌江自刎。

"纵观整个华夏大地，平坦大道少，而坑坑洼洼的坎多，即使是一望无际的平原也难免有坑坑洼洼。所以，习坎是人生必修课，它会唤起一个人、一个民族的忧患意识，'殷忧启圣，多难兴邦'，这就是我们的民族精神。"

同学们，"坎"这堂课讲完了，你们掌握了吗？我们下一堂课再见！

扫一扫，听语音讲解版

| 甲骨文 | 金文 | 篆文 |

课间休息时，鹿鸣拿着手机目不转睛地看视频，视频声音不大，但引起了坐在旁边的小雅的兴趣。小雅挤着脑袋看了一会儿，发现这是个讲海洋生物的科普视频，里面正好讲到了"儒艮"。

小雅问鹿鸣："你知道这两个字怎么念吗？"

鹿鸣笑嘻嘻地答道："你以为我会说'儒良'吗？有一说一，后面这个我还真不会念。"

杜若凑过来看了一眼说："这我知道，读 gèn，一种海洋哺乳动物。"

这时候视频里正好开始解说，念出来的跟杜若的读音一样。小雅说："北方方言里有类似的读音，比如'艮赳赳'。"

杜若问："'艮赳赳'是什么意思？"

小雅犹犹豫豫地答道："形容一个人很那啥，很有个性吧。"

杜若指着鹿鸣说："那他就是个艮赳赳！"

鹿鸣非但不生气还挺高兴，说："原来你们也看出我有个性，不错，懂得欣赏我的优点了。"

"说你胖，还喘上了！"

三人笑闹的时候，看到先生走进来，马上规规矩矩地坐好——要上课了，可要严肃，不能乱来。

先生面带微笑，把手上的东西放下，说："刚才你们聊的我都听见了，今天我们就来讲'艮'这个字。"

说完，先生在黑板上写下"艮"的几个不同字体，放下粉笔后问道："谁来说说我们的课堂学习都有哪几个阶段？"

鹿鸣手举得高高的，被点了之后蹦起来答道："第一步，先生会从字形字义给我们解释这个字的由来，第二步是从古籍中引经据典来引申解释这个字，第三步从对经义或典籍的解读引出放之皆准的道理。"

先生示意鹿鸣坐下，解释道："鹿鸣说得基本正确，简单地说，第一步是说文解字，第二步是观象玩辞，第三步是讲经释典。下面我们进入正题。"

先生指着第一个甲骨文的"艮"说道："甲骨文的'艮'字，上面是一只大眼睛向左看，下面是一个面朝右而立的人，表示人回头看。金文呢，突出'目在背后'的形象，强调回头看。向前看为'见'，向后看为'艮'。发展到小篆阶段，'艮'上面的大眼睛，改写成了'目'字，下面的依旧是一个人，只是这个人的腰更弯了。

"《说文》：'艮，很也。从匕目。''很'这种说法不对，下部是'人'而不是'匕'。艮的本义为回顾、向后专注。《易经》'艮其背',就是反顾其背的意思。由回顾之义进而引申为'限',《易》曰'艮其限',意即目光紧盯腰部的界限。

"《易经》中艮为八卦之一,代表山,山阻万物,所以艮有艰难之意。

"《方言》曰:'艮,坚也。'坚硬、坚固之意。现今鲁南、苏北方言有'这个东西吃着感觉发艮'的说法,指食物坚韧而不脆。还有的方言说'这个人真艮!'意思是这个人耿直。"

听到这里,鹿鸣露出了得意的神情,似乎还在为说他"艮赳赳"而自豪。

没人注意到这一点,先生继续解释着:"《释名》曰:'艮,限也。'界限、极限之意。《易传》曰:'艮,止也。'也有走不通而回头之意。"

鹿鸣若有所思地说:"艮这个字,跟目光、视线有关。甲骨文看起来像个外星人。"

杜若故意抬杠:"那金文还像个被斩首的人呢。"

鹿鸣装糊涂:"哎,有道理。"被杜若打了一下。

先生笑了,说:"接下来,我再来分项详细讲讲。第一种,艮可以认为是目不转睛地看。《说文》序中写道:'古者包牺氏之王天下也,仰则观象于天,俯则观法于地,视鸟兽之文与地之宜,近取诸身,远取诸物,于是始作八卦,以垂宪象。'这段话说明了伏羲画八卦实则是文字的肇始,其中'观象于天'更是文字创制的起源,文最早指的就是天文。'艮'字的甲骨文形象是一个人和头上的大眼睛，这也表示在'观象于天'。

"艮为山，其实就是指观天象。先天八卦艮在西北方位，即因西北有高山，离天更近，可以更好地观乎天文以察时变。艮由'观辰'得名，表示古代观星的先民与专职天象官，目不转睛地注视星辰。艮加目为眼，即为观天象之天眼，所以艮其背不获其身，即为仰观天文而不见自身。

"《黄帝内经》中说道：'中古之时，有至人者，淳德全道，和于阴阳，调于四时，去世离俗，积精全神，游行天地之间，视听八达之外，此盖益其寿命而强者也，亦归于真人。'这里的至人，即为登山观天象之艮者，观象授时，以达天人合一之境界。

"冬天过了必然是春天，艮为观天之道，究竟观何天？实为观东方苍龙星宿。苍龙七宿是华夏先民观象授时的重要依据，春耕时节，先民目不转睛、聚精会神凝视东方，观察星辰从东方地平线上升起，以确定农时节令。看到龙头升起来了，表示春夏到了，可以开始农事了。龙对华夏百姓这么重要，是因为苍龙七宿可以指导人们什么时候耕种，什么时候收割，什么时候收藏。对农业文明国家来说，这当然是极其重要的事物和规律。

"第二种呢，艮表示回头看，回望就是想再次看一下以确认，希望看得更深入更全面。金文的'艮'，'目'在背后的形象，象征猛回头。'艮'不仅可以表示空间上的回头，也可以表示为时间上的回顾，人不能一直往前看，还需要停下来回顾过去，总结过往。

"老子曰:'五色令人目盲,五味令人口爽。'人的欲望和诱惑总是来源于眼睛所见,抵制欲望和诱惑最好的办法就是使眼睛回避各种诱惑,眼不见为净,'艮'的眼睛是朝后看的,也就是人的眼睛有意回避前面的东西,有止于所见,止其所欲之意。"

同学们,"艮"这堂课讲完了,你们学会了吗?我们下一堂课再见!

扫一扫,听语音讲解版

第三十一课　根

说文古文　　　篆文

午间休息时，电视里播放着晚会的重播录像，台上的歌手唱着好听的歌，鹿鸣也跟着哼唱。虽然鹿鸣的声音忽大忽小，但他的音准却出人意料地准，听起来竟然还有那么一些独特的味道。

小雅听了一会儿，脚丫子不由自主地跟着打起了拍子。杜若对这首歌有点儿好奇，伸手戳戳鹿鸣的肩膀，问道："这歌叫什么？"

"《把根留住》。"

"好怪的名字。"

杜若拿出手机一查才发现这是她父母那一代的老歌，难怪她一点印象也没有。

鹿鸣笑着说："你以为我是怎么学会的？因为我爸会唱啊。"

杜若说："这歌为什么叫这个名字？"

鹿鸣摇摇头："爸爸说了好多，我就记住了一个，根代表血缘的纽带。你别念百科，让我自己看。"

杜若才不会听他的，正准备念出来，却看见先生进门。既然要上课了，她决定给鹿鸣一个面子不念了，于是收起了手机。

先生进门后没有急着关电视，而是听了一会儿才关掉。接着他拿起粉笔在黑板上写起字来。先生写完后，学生们看出原来是"根"字。

先生说道："既然歌也听了，咱们今天就讲讲这个'根'字。还是先来解字，《说文》古文的'根'字字形上面为'止'，为人之足，下面像树根，为木之足，即树木生长于土中或水中吸收营养的部分。篆文的'根'左边木字旁，右边一个'艮'字，是标准的形声字。

"《说文》：'根，木株也。'徐锴解释两字的区别：'在土曰根，在土上曰株。'通俗一点说，'株'是断了的树木露出土面靠近根的部分，而且株是连着根的。《说文》里还有一个字'柢'也释木根。《韩非子·解老》说道：'根者，书之所谓柢也。'朱骏声的《说文通训定声》中有'蔓根曰根，直根曰柢'，也就是土下统称的根系里，蔓延的、细的根为蔓根，直的粗壮的特指'柢'。

"关于'根'字的解释，基本就是这样。歌词里的根，则是一种引申。'根'是树木需要特别关注才能看得到的部分，树木的根系长于土下，为树木吸收营养。虽是'木'字旁，但'根'很早就代表一切植物的根系，引申为物体的最下部，进而代表所有事物的本源。

"'根'字从'艮',我们知道'艮'为止,古文中'止'也是脚趾的'趾',树之根和我们人的脚后跟一样是用来站立的,植物因为有'根',才在广袤的土地上站住了脚。

"《易经·说卦传》说:'艮,万物之所成终成始也。'从外看来,'根'是树之所终;从内看,其实它是树木成长的开始。草木生长,初为萌芽,后一分为二,往上的长为枝干,往下的则为根柢。因为有'根'树木才能长成参天大树,因为有'根'植物才能开花结果,因为有'根'才能枝繁叶茂。

"陶渊明在《杂诗》之一中写道:'人生无根蒂,飘如陌上尘。'不管是海外漂泊的炎黄子孙,还是台湾同胞,或是我们土生土长的中华儿女,我们的祖先就是我们共同的'根',我们的姓氏族群就是我们的根。对同族同姓的人而言,所谓的根就是自己的亲人、父母、祖辈、太祖辈……我们不仅要知道自己往哪里去,还要知道自己从何而来,更要知道自己应该做什么。人这一辈子可以叛逆也可以自我,但一定要接过历史的交接棒。当你停下疾驰的脚步回首往事的时候,你会发现:人生在世匆匆忙忙几十年,你之所以可以走得更远,是因为你始终有家可回。

"但是我们的根不仅仅指同一姓氏族群,这只能称为'柢',对整个华夏民族而言,所有的往圣先贤都是我们的蔓根,他们流传下来的智慧,也是我们吸取营养的'根'!每一个人的眼光、志向、格局,决定他的'根'系的大小。不管人之根还是文化之根,只有每一个人找到自己的'根',才有成长的源泉。慎终追远，民德归厚矣，前辈的人生是他们的终，却是我们的始。而我们不懈地努力，必将走完这一生，却成了下一辈的始。这就是中国人的代代相传，这就是中国人的族系、根系，这也是中国人的文化精髓。"

听完先生的讲述，鹿鸣暗暗点头："'根'原来是这个意思，我懂啦。"

同学们，"根"这堂课讲完了，你们学会了吗？我们下一堂课再见！

扫一扫，听语音讲解版

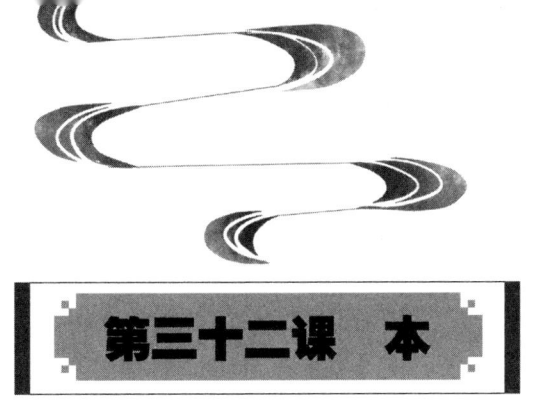

第三十二课　本

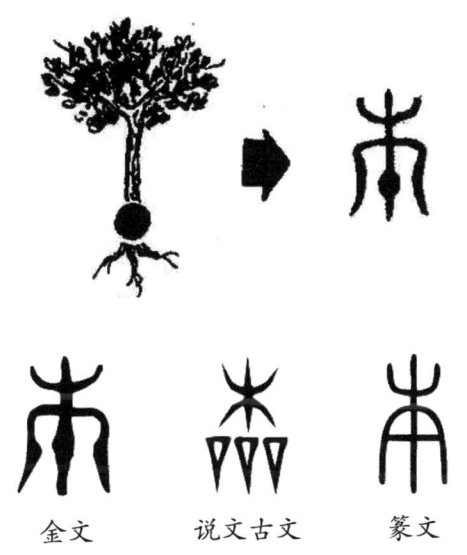

金文　　说文古文　　篆文

上课之前的休息时间，杜若拿着平板电脑玩着游戏。小雅坐在旁边看了一阵儿，发现她玩的是一种古代经营游戏，也就是开店铺做生意。

杜若玩了一阵儿，发现小雅在旁边观看，便笑着问："你觉得这个国风小游戏怎么样？"

小雅答道："还行，好像有一点策略性，不过难度可能有点高了。赚钱好像挺难的，我看你店里刚才做一单才赚三百文钱，忒惨了。"

杜若解释道："那你有所不知，这游戏里有个设计叫经营策略，我现在选择的是'以本伤人'。哎，对了，你来得正好，我对这个'以本伤人'还不是很了解，到底什么意思？"

小雅问："游戏里没有解释吗？"

杜若说："游戏说明里面只说是一种激进的商业竞争策略，风险很大。"

小雅答道："这个策略的意思应该是，用低于市场价格的售价去打击竞争对手。你选择了这种策略之后，你店里的商品售价应该会降低。"

杜若点点头说："你这么说我大概懂了，就是薄利多销的意思对吧？"

小雅说："这解释起来就很复杂了，你可能有更低的进货价，也可能是赔本赚吆喝。以前还有一种说法，'以本伤人'和'出口伤人'某种程度上意思接近。"

杜若问："那这个'本'是成本的意思？"

小雅摇头说："这个我就不清楚了，我说的都是一些皮毛。"

这时候鹿鸣走进了教室，看到两个女孩子坐在一起，便走过来问道："你俩聊什么呢？"

小雅解释道："我们聊小若玩的游戏里的一个成语，叫'以本伤人'，你还知道类似的成语吗？"

鹿鸣摇头，嬉笑说："我只知道'卿本佳人，奈何做贼'，怎么样？"

杜若不以为然，说道："不怎么样。"

先生走进教室，看到学生都在，笑道："你们刚才说的我都听到了，今天我们就讲讲'本'这个字。"

先生在黑板上写下几种"本"的古体字形，然后说道："你们看，金文的'本'字，就是一棵树的形状，一点就代表树根。说文古文是在树的下方加三个倒三角，表示扎入地下的根系，篆文则将根部的三点简化成了一横。'本'就是在'木'字下方加了一个指示符号，特指木下面的根系。

"《说文》里讲'木下曰本'，树的下部为本。唐兰解释'本'是'根、柢'的统称。

"跟'本'相对的是'末'，《说文》曰'木上曰末'，树的顶部叫末，即树的末梢。金文的'末'字就像把一个'本'倒过来的样子，'本末倒置'就由此而来。"

先生问："你们现在知道'本'这个字的来历了吧？"

台下鹿鸣答得最大声："知道啦！"

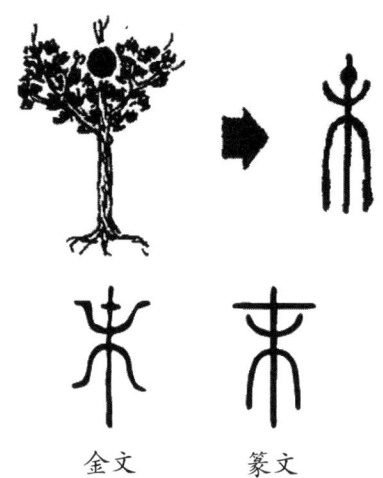

金文　　　篆文

先生点点头，继续说道："我们现在说的'根本'一词，'根'指树根，'本'指树干。但是'本'字初始意义却不是树干，表示主根的'柢'与蔓根的'根'原本都是植物的'本'，也都是植物的'根'，'根'就是'本'，'本'也就是'根'，只是后来'本'被引申为'树干'之意。

"根为器官，本为功能。'根'是草木长在地下的营养器官，'本'更多指的是使树木牢牢立住的功能。'本'是一种先天性的生存功能，如本能；'本'是一种能力，如本事。'根'是'本'存在的基础，'根'是内在，'本'是外显。

"《黄帝内经·素问》中讲得非常精准：'夫四时阴阳者，万物之根本也。所以圣人春夏养阳，秋冬养阴，以从其根，故与万物浮沉于生长之门。逆其根则伐其本，坏其真矣！'

"这段话的意思是：'四时阴阳的变化，是万物生命的根本，所以圣人在春夏季节保养阳气以适应生长的需要，在秋冬季节保养阴气以适应收藏的需要，顺从了生命发展的根本规律，就能与万物一样，在生长收藏的生命过程中运动发展。如果违逆了这个规律，就会损伤生命力，破坏真元之气。'

"其中，春夏的阳和秋冬的阴为根，如果破坏了这个内在的'根'的话，就会危害'本'的功能，比如生和死，皆是功能的外显。"

先生讲完之后稍稍休息，喝了口水，继续说道："我们再来讲讲君子之本。

"孔子说：'立身处事有六本，然后才能成为君子。立身有仁义，孝道是根本；举办丧事有礼节，哀痛是根本；交战布阵有行列，勇敢是根本；治理国家有条理，农业是根本；掌管天下有原则，选定继位人是根本；创造财富有时机，肯下力气是根本。根本不巩固，就不能很好地从事农桑；不能让亲戚高兴，就不要进行人事交往；办事不能有始有终，就不要经营多种产业；道听途说的话，就不要多说；不能让近处安定，就不要去安定远方。因此返回到事物的根本，从近处做起，才是真正的君子之道.'

"《荀子》提到，礼有三本：天地，是人得以生的根本；先祖，是同类种族的根本；君师，是治理的根本。没有天地，怎么会有人的出生呢？没有先祖，怎么会有我的出生呢？没有君师，社会如何治理呢？三者若有缺失，人民就会失去安宁。所以礼，向上事奉天，向下事奉地，尊敬先祖而尊崇君师，是礼的三个根本。

"这段话是在讲最根本的最重要的三种礼，由这三种礼，就可以贯通到天地万物古今的道。所以中国传统以来都很重视祭天地、祭祖先、祭圣人这三种祭礼。这三祭可以贯通天地人三才之道，是中国文化精神的重要代表。"

同学们，"本"这堂课讲完了，你们掌握了吗？我们下一堂课再见！

扫一扫，听语音讲解版

第三十三课　表

篆文

　　杜若进教室的时候发现鹿鸣今天戴了一块新电子表，表盘是蓝色的，表带是红白竖条交织。

　　"怎么今天戴了块表啊？"

　　鹿鸣从书本上抬起头，笑道："还能是什么原因，我妈说我没有时间观念呗，给我买了这个来督促我。"

　　坐在一边的小雅听到这里，放下手里的书，问道："鹿鸣，手表这个词是外来语，那我考考你，表为什么会叫'表'呢？"

这个问题确实把鹿鸣难住了,他眼珠一转正要拿手机,杜若一把按住说:"不能查,你要不知道就说不知道,咱们还怕丢人?"

鹿鸣无奈地举起手说:"那我真不知道了,这位姐姐,你告诉我吧。"

杜若摇摇头:"我也不懂。"

"嘁。"鹿鸣笑道。

小雅笑着指着黑板说:"你俩看看上面,今天先生就准备讲这个字呢,我们一起听听。"

先生笑了笑,从讲台后站起身,说道:"小雅说得对,今天我们就讲这个'表'字,听完之后你们就知道为什么手表的'表'要用这个字。

"我们先看'表'字字形,'衣'字里面一个'毛'。本义是'穿在外面的上衣'。'表'的字形体现了我国古代穿衣的礼仪讲究。《说文》中解释'表':'上衣也,从衣从毛,古者衣裘,以毛为表。'段玉裁注:'上衣者,衣之外者也。'可见,'表'字的本义是和'里'相对的。'裘'就是毛皮衣服,'古者衣裘,以毛为表',就是古代人穿裘皮,把毛穿在外面。有一则故事讲魏文侯出游,见一路人'反裘而负刍',也就是裘皮毛穿里面再背着草,文侯就问:'为什么反穿裘衣来背草啊?'那人就回答:'臣爱其毛。'文侯跟他说:'难道你不知道里子破了,毛就没有依附的地方了吗!'这就是著名的'皮之不存,毛将焉附'的故事。

"随着穿着的讲究,人们往往在裘的外面加件薄的罩衫,叫

'裼'(xī),裼的外面再穿官服或者正式的礼服。古时,人们相会,行相见之礼后,才褪去正式的外套,露出裼,也不会露出裘之'表',否则视为不敬。所以中国人讲究仪表,穿着打扮、行为举止都有详细和明确的准则。《礼记》中就有一篇《表记》。

"表还可以指奏章。古时下对上的进言有六种:表、状、笺、启、辞、牒。'表'为最高级,臣子对天子的陈事叫'表'。

"表也可以指表亲。在中国的伦理关系里,有一种关系叫表亲,凡父亲的姐妹方面的,或母亲方面的都称为表亲。

"古时,人出生父母起'名',成年时起'字',又称'表字'。按《礼记》上的说法,人在成年后,需要受到社会的尊重,同辈人直呼其名显得不恭,于是需要为自己取一个字,在社会上与别人交往时使用,以示相互尊重。因此古人在成年以后,名字只供长辈和自己称呼,自称其名表示谦逊,而字用来供社会上的人称呼。读书人介绍自己的时候,就郑重其事地称为'表字'。

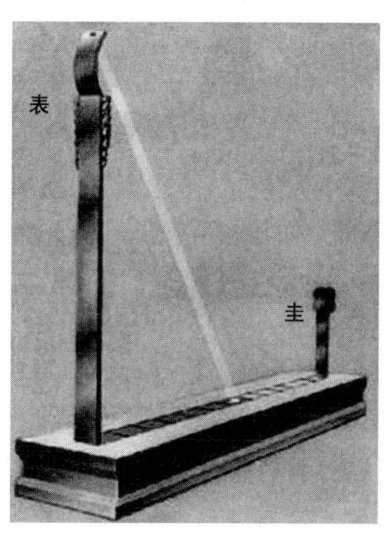

"再就要说到今天小雅的问题了。表,标也。中国古代最早使用的计时工具称为圭表,圭表指测量日影的仪器,它由两部分组成,垂直立于平地上的标杆称为表,南北方向平放的测影尺称为圭,两者以直角相接。周朝时期,周公在河南登封(34°N)'垒土为圭,立木为表,测日影,定四时',通过观测一年中每天正午投在地上的影子长度变化来测量二十四节气。

"因为'表'有正、直的含义,所以古人立木为'表',作为观测物的标识。后来西方的钟表进入中国后,我们就把这个'表'字给了那个器械。另外,我们说孔子是万世师表,因为孔子一辈子走的都是正道,所以给后世树立了老师的标准。"

同学们,"表"这堂课讲完了,你们掌握了吗?我们下一堂课再见!

第三十四课　达（達）

甲骨文　　　金文　　　篆文

先生说："上次我们讲了'表'，同学们猜一猜接下来要讲的是什么？"

鹿鸣抢答："先生，应该是'达'，对吧？"

杜若没有抢到，感觉有点小遗憾。

先生肯定了鹿鸣的答案，转身在黑板上写着，边写边说："'达'这个字，你们首先想到的是什么？"

杜若这次抢先答道："发达的达，达人的达。"

鹿鸣说："表达的达。"

小雅说："我想的是，达则兼济天下。"

先生笑道："你们的回答很有趣，有可能是你们内心想法的折射。我们先来看看'达'的解释。"

"'达'简单说就是通达。《说文》：'达，行不相遇也。'字形最初就是脚行走的方向。后来演变成一个大人在路上行走,四通无阻,大人所行的路自然就是'道'。华夏文明以道为尊,所以就有了孟子的'穷则独善其身,达则兼济天下',这里的'穷'不是我们现在说的穷苦的穷,而是没有出路、陷入困境、走投无路的意思。而'达'就成了穷的反义词,也就是有通道、有出路、不被笼罩或遮蔽,可以随意行走。字体发展到金文时,成了赶着羊群在路上走,说明路很通畅,可以徜徉通行。'达'还引申为已经穿越了阻碍,已经解决了所有问题,已经掌控了全局。在古时的君子修身中,'达'者只能是大人!何谓大人呢?《易经》上说:'夫大人者,与天地合其德,与日月合其明,与四时合其序,与鬼神合其吉凶,先天而天弗违,后天而奉天时,天且弗违,而况于人乎?况于鬼神乎?'

"'达'还有一个意思,表示通晓、通达事理。

"最后,'达'就是已经站在'道'上行为做事。《吕氏春秋》:'君子达于道谓之达'。达到底是一种什么状态呢?《礼记·学记》中说'九年知类通达,强立而不反,谓之大成',学习上通达了就可以称为'大成'了。"

先生说:"鹿鸣可能是想提升自己的表达能力,对吧?"

鹿鸣连忙点头:"是的,先生。"

先生说:"那我就来讲讲如何提升表达力。表达力是一种必备的能力,尤其是青少年,能够自信地表达自己的观点,传递自己的思想,是非常重要的。很多人内心想法很多,但是就是没有办法用精准的语言表达出来。一张嘴就语无伦次,不知所云。如何提升表达力呢?我们知道了'表'和'达'的意思,就能抓住表达的本质了。

"首先，它是慎重的，不是随便说说，要组织过语言和用词，要打过腹稿。其次，它所表的是正面的思想，不是随心所欲的小九九。最重要的，'表'了以后，要让听者观者清晰地明白你的思想，别让人猜度。因为'表'的最终目的是显露。

"'表'是描述的能力，是语言本身，是表面的技巧，是看起来口才特别好，说话滔滔不绝的人。而'达'是洞察力，是深度思考的能力，直接深入事物的本质，是弦外之音。'达'是不怎么说话，但一旦开口就震惊全场、醍醐灌顶。

"我们经常说上通下达，'达'是向下的，类似于我们常说的底层逻辑，所以'达'不仅包括了广度，更重要的还有深度。所以'表'是就事论事，而'达'则是举一反三的能力。"

鹿鸣问道："那我们具体要怎么做呢？"

"到底如何训练表达力呢？首先要用'正'，语言、文字、行为都要符合礼的规范，至少要用文明用语。表达不是发泄，骂人的话不能成为表达，拿出拳头打架也不能成为表达。其次要有明确的目的，就像'达'字最初的甲骨文字形一样，有一个箭头，直接、鲜明。另外，表达前，得审视自己的观念和思想，是否是正思正念。最后，'表达'是需要练习和打磨的，表达的水平和层次也是历久弥新的。"

鹿鸣若有所思地点着头。

同学们，"达"这堂课讲完了，你们掌握了吗？

扫一扫，听语音讲解版

第三十五课　勤

甲骨文（堇）　　金文　　篆文

最近几天，书院这边的天气很好，风和日丽，天清气爽，偶尔有一阵轻风吹过，吹动树叶沙沙作响。这种天气很适合户外活动，因为气温不冷不热，偶有微风，阳光也较为充足，这种时候出门呼吸一下新鲜空气，稍稍散散步，运动一下是最好的消遣。

本着劳逸结合的想法，先生带着同学们出门去踏青。书院附近有许多树丛，越过树丛就是附近村庄的农田。这个季节正是农民们忙碌的时候，众人走过田地边缘，看到许多农民伯伯正在地里劳动。

杜若戴着棒球帽,小雅戴着圆顶遮阳帽,两人手拉手走在最前面。鹿鸣跟在她们身后,将手搭在额头上遮挡阳光,扫视着劳作的村民,不由自主地赞叹道:"他们真是勤劳的人。"

先生走在最后,笑着问道:"你们想起哪些与勤奋有关的成语?稍稍列举几个。"

鹿鸣说:"我知道,勤能补拙、天道酬勤、勤学好问。"

杜若补充道:"还有,勤学苦练、克勤克俭。"

小雅最后说:"那我就说一个吧,业精于勤。"

先生点头说:"你们说了不少,那我提个问题,勤能补拙的'勤'是什么意思?鹿鸣你先说。"

鹿鸣说:"勤能补拙的勤,应该是勤奋的意思,指的是用勤奋来弥补天资的不足。"

小雅说:"鹿鸣说得对,这个成语源自白居易的《偷闲走笔题二十四韵》,原文是'补拙莫如勤'。当时他刚到苏州任刺史,原本音乐和饮酒的爱好都被放下了,专心于工作。勤能补拙就是说他认为自己天性笨拙,因此需要更加勤奋地工作来弥补。"

杜若说:"我妈总说要我笨鸟先飞,差不多也是这个意思吧。"

先生欣慰地笑道:"你们说得很好,我们找地方坐下,讲讲今天的课吧。"

师生们找到一块干净的地方,铺上野餐布,拿出随身携带的面包和牛奶,席地而坐。

鹿鸣问:"先生,我们今天学什么?"

先生答:"我们今天学'勤奋'两字,因为两个字牵涉很深,

因此一起讲了。

"照例先讲字形和字义。'勤'字在殷商的前期就是'堇'字（读音为qín），勤、僅、谨、瑾、懂、墐等都是后面汉字因不同的语境需求而做的分化，本为一字。

"'堇'有黏土的含义，在黏土地上劳动很辛苦，右边的'力'字，字形像农具，表示用力之意。'勤'当然与用力、力气相关，所以许慎在《说文》里解释'勤'为'劳也'。'劳'字上面其实是两个火（勞），是指用力过度。甲骨文的'堇'字下面是'火'，是指被束缚着戴着枷锁的人在火上，所以引申义中就有谨小慎微（小的含义）、经常频繁（多的含义）等。

"现代汉语字典里，勤的解释为辛劳、劳苦，可见'勤'在'劳'的基础上的艰难。上面戴着枷锁，自然是'辛'。又见人在火上被烤着，是有多苦！

"另外，按字形字义来看，'劳'和'勤'的区别：'勤'更显得功夫做得细，因为小而多，自然更密。而'劳'指的是力气的焕发和消耗。

"'勤'和'劳'中的'力'也是一把耒耜，农家除草松土的工具。农耕劳作的勤恳就是低着头弯着腰，认真仔细，实实在在，脚踏实地，来不得半点虚假。

"《论语》中有'四体不勤，五谷不分'之说，四体就是四肢，此处用'勤'字，就是用了它蕴含的脚踏实地的意味。所谓的'勤王'也是小心翼翼地辅佐。"

扫一扫，听语音讲解版

第三十六课　奋

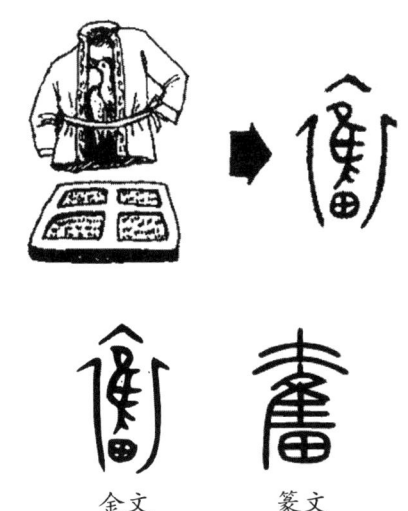

金文　　篆文

先生说:"讲完了'勤',我们再来讲讲'奋'。

"'奋'的字源,是有人抓住了一只鸟把它放在衣服里藏着,鸟正在挣扎着要飞回田地里去。'奋'的本义是鸟类振翅高飞。'奋'的繁体字'奮'里有个'隹'——短尾巴的鸟,上面的'大'在金文字体里就可见是'衣'的外形,或鸟展翅的羽毛形状。所以《说文》曰'奋,翚(huī)也',清桂馥在其《说文解字义证》中解释:'鸟之奋迅,即毛起而身大。'所以'奋'字有振作、震动、飞扬等意思。

"《易经》里的雷地豫卦大象辞:'雷出地,奋豫。'豫卦由震卦和坤卦组成,上为震下为坤,震卦为雷,坤卦为地,合起来就是雷震动出地。雷震动而起为'奋'。震卦的雷不仅仅是我们现在平时所见雷阵雨的雷,这里的雷代表一切能生产万物、向上升腾的正能量。在易学里,最初的正能量(阳)在地底下,上面有厚重的地层。而当阳气由内上升到外卦时就是雷出地了,可以想象震雷出地也是有'奋'的精神才可以。"

看到先生讲课告一段落,鹿鸣问:"先生,'勤奋'两字的区别是什么呢?"

先生说:"'勤'是脚踏实地、小心谨慎、细致周密地劳作。'奋'是立志高远、竭尽全力,以求一飞冲天。'勤'是努力的过程,'奋'是努力的结果。'勤'是数量的累积,'奋'才是质量的突破,量变产生质变。

"'勤'和'奋'一个是基础一个是提升。当这两个字组成词组时,其实告诉我们的是一个努力改变我们命运的过程。当你立志高远希望自己有朝一日像小鸟能飞上天时,首先要低下头,在自己原有的环境中踏踏实实地孜孜以求各种学识和能量,勤劳苦干。但是光'勤'不够,还要找准时机勇敢地'奋'。对于所花的时间和投入,'勤'远远大于这个'奋',但只有这一瞬间的'奋'才是前面'勤'的所有意义之所在,才是考验'勤'的成效。"

同学们,"勤奋"这堂课讲完了,你们掌握了吗?我们下一堂课再见!

扫一扫,听语音讲解版

第三十七课 穷

篆文

课间休息时，杜若问鹿鸣说："你早晨吃的什么？"

鹿鸣不明所以，老老实实地回答道："煎饼和牛奶。"

杜若追问："外面买的，还是家里的？"

鹿鸣疑惑地答道："家里做的啊。你问这个干什么？"

杜若遗憾地摇摇头不说话，小雅笑眯眯地解释道："你在家里吃，肯定是没有零花钱的，所以她肯定无法让你请客，当然不说话了。"

鹿鸣一脸震惊地说："什么？杜若你竟然还想让我掏钱请你吃东西？我从来没有感觉到我太穷是件好事，现在我感觉到了。"

杜若羞恼地推了小雅一把，气呼呼地说："鹿鸣你信我。我早上没吃饱嘛！你这次请我，我下次请你，不占你便宜！"

鹿鸣连忙摆手道："不好意思，我真没钱，穷死了。"

杜若哼了一声说:"你知道'穷'字怎么写吗?"

她原本是小小地讽刺一下,谁知鹿鸣装傻,拿起笔一边比画一边说:"我会啊,就这样写……你不会呀?我可以教你。"

"边儿去。"

看着学生们笑闹着,先生也露出了微笑。他看看时间差不多了,便起身站到讲台上,敲敲黑板说道:"同学们,你们既然聊到了'穷'这个字,今天我们就来讲讲它。

"我们照例先来说文解字。穷,上'穴'下'躬'。穴,洞。躬,像弯曲的身体。'穷'的本义是身处狭小的洞穴之内,无法伸展站直,活动不自由,即环境窘迫,无处使力之意。

"《说文》:'穷,极也。'首先,表示达到极点,寻根究源,推究到极致,如穷理尽性、欲穷千里目等。其次,表示穷尽,没有出路、失去希望,如穷途末路。

"既然穷是路走到尽头,走不通了,所以与'穷'相对的不是富,而是'达','达'就是各个方向的路都通,是通达之意。《孟子》说:'穷则独善其身,达则兼济天下。'穷就是抑郁不得志的状态,人生难免起起伏伏,当我们不得志的时候,不要怨天尤人,自暴自弃,而更应该坚守自己的信念,不断提升自己以等待机会的来临;当我们得志显达的时候,就用自己的智慧能力去为天下做贡献。

"《易经·系辞》中讲道:'易穷则变,变则通,通则久。是以自天佑之,吉无不利。'意思是,事物发展到了山穷水尽的地步就必然有所变化,否极泰来,变则能通达,能通达则能恒久。

最后自然能够得到老天的眷顾和青睐,逢山开路遇水搭桥,走到哪都能吉无不利。

"这句话道出了一个真理:世间万物均有一个发生、发展和衰落的过程,就像自然界春生夏长秋收冬藏一样,冬天过后必然是春天。一旦事物到衰落阶段,就必须寻求变化以谋出路。如果一味因循守旧而不思改变,就只能坐以待毙,真的就是穷途末路了。反之,若能顺应变化做出相应的调整,则可能化险为夷。成语'穷则思变'即由此而来。

"穷是走投无路,走投无路还能走吗?有!走投无路就会逼上绝路,绝路才是出路,这叫绝处逢生。

"所以我们只有全力以赴,不断尝试,每种可能都尝试过才有可能会有结果。生命不息,奋斗不止,走到空间的尽头才能触摸到时间的心跳,空间的尽头就是无路可走,就是穷途末路。孔子周游列国14年,经历了陈蔡绝粮等种种磨难,差点饿死,《庄子·外篇》讲道:'孔子穷于陈蔡之间,七日不火食。'人生已经走到了绝路,孔子也一直没有机会施展自己的报复,空间走不通了,那就直接进入时间,走完这14年,孔子明白他的使命不是成为治世能臣,而是成为万世师表,治世能臣只是在当时的空间里建功立业,而万世师表则是在时间的长河中永恒。"

同学们,"穷"这堂课讲完了,你们掌握了吗?我们下一堂课再见!

扫一扫,听语音讲解版

第三十八课 开

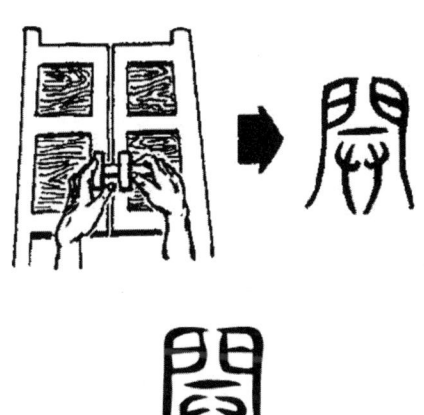

篆文

今天天气晴朗,万里无云,太阳晒在身上暖洋洋的。

小雅和杜若约好一起来上课,两人走进书院,却发现鹿鸣待在小院的角落前,不知道在做什么。

两人走过去一看,鹿鸣正在跟小院的铁门较劲,他使出了吃奶的劲,吭哧吭哧拉着门闩,却毫无作用。坚持了一阵儿,鹿鸣还是放弃了,松开了手后,呼哧呼哧地喘着气。

杜若好奇地问道:"鹿鸣,你在这里干什么呀?"

小雅却说:"鹿鸣,你坐在那边石头上休息会儿,把气喘匀了再说。"

鹿鸣大概是真的累到了,也不像以往那样逞强,坐在石头上休息了片刻,才在杜若的催促下解释道:"我今天来得早,听王婶儿说小院的门打不开,我就寻思来帮个忙,没想到这么难搞。"

小雅听完,凑在门闩孔上看了看,又伸手摸了一下,搓搓手弄掉手指上的铁锈,转身说:"也难怪你弄不开,门闩都锈上了,一摸一手的铁锈。"

杜若不信邪,她也拉着铁栓使劲儿,没一分钟就放弃了:"不行不行,吱吱嘎嘎的,就是纹丝不动。"

王婶儿提着竹篮走过来,先关心了鹿鸣几句,然后说道:"这小院也有几个月没打开了,之前还说用不上,我最近想用院子的空地种点东西,结果发现院门打不开了。不管怎么说,孩子们都辛苦了,来,吃点梨解渴,刚洗好的。"

篮子里的鲜梨还带着水珠,鹿鸣不知道什么叫客气,拿到手里就啃了一口,笑着说:"真甜,谢谢王婶儿。"

小雅和杜若也拿了梨,谢过王婶儿,吃过之后纷纷夸赞梨子够甜。王婶儿高兴地离开之后,先生背着手,溜达着过来了。

"你们在这里做什么呢?"

看到先生过来,鹿鸣连忙站起来,恭敬地答道:"我想帮王婶儿打开这个院门。杜若和我试过,都打不开。小雅说它锈住了。"

先生看了看锈住的地方,点点头说:"小雅说得对,确实是锈了。不过问题不大,鹿鸣你去找王婶儿要一点菜油——把菜油灌进去再试试,应该就能把门打开了。"

鹿鸣按照先生的指点,拿来了菜油灌进生锈的孔里。杜若抓住门闩稍微一使劲儿,只听一阵吱吱嘎嘎的声音后,曾经纹丝不动的门闩竟然活动起来。

看到杜若一个人摇动得很费劲,鹿鸣也去帮忙。两人齐心协力,很快就把门闩拉开,打开了院门。

先生看着兴奋的学生们,笑道:"好啦,鹿鸣去把菜油还给王婶儿,顺便告诉她这个好消息。其他人回课堂。鹿鸣也赶快回来,我们今天就来学一学'开'这个字。"

等所有人回到教室,先生在黑板上写下"开"字的篆体。

鹿鸣又是第一个举手,说道:"先生,这个字,好像我们刚才的动作啊,两只手去开门,上面那个一横,就像是锈铁栓。"

杜若不同意鹿鸣的意见:"不对不对,我看一横下面是两个人,意味着要同心协力。刚才我们不也是两个人一起打开的吗?"

小雅双手举在脑袋两边,手指做剑指状,故意摆出歪脑袋的姿势,笑道:"是这样的人吗?"

杜若扭头一看,顿时笑得肚子疼,鹿鸣也忍不住笑了。

先生无奈地摇摇头,伸手敲敲桌子,等课堂安静下来,这才说道:"鹿鸣和杜若说得都有道理,我们还是先从解字开始学起。

"'开'的字形,在两扇门中间有一双手'廾'(gǒng)着门闩，表示双手拉开门闩，开门之意。《说文》中有'开，张也'。'张'字指拉开弓弦，门之开如弓之张，门之闭如弓之弛。'开'字中间这一横，在门指门闩，指把关闭的阻挡物去除移开，所以有启、张的意思，也使隐藏物显露出来，最初'开'的意思指从内而开，无论是'开心'还是'开诚布公'都是自己的事，而且都不容易，都要竭尽全力。"

先生又说："所以我方才提到，鹿鸣和杜若说得都有道理。'开'既可以视为一个人的双手，也可以当两个人齐心协力。"

看到学生们用心地写着笔记，先生满意地点点头，继续说道："开字最妙的地方就在这个'一'上，'一'为门闩。要想打开门，关键是要打开门闩，用脚踹、用木头撞都不是最好的选择。开门如此，做其他任何事亦如此，都需要找到那个'一'，'一'也指法则，指做事的关键因素。"

这一点鹿鸣深有体会，他说："先生说得对，对于生锈的门闩来说，菜油就是那个'一'，也就是诀窍。没有摸到诀窍，我和杜若怎么也打不开，但找到诀窍就能打开了。"

小雅补充道："不光如此，学习也是一样，千万不能读死书，要找到学习中的那个'一'，才能事半功倍。"

先生赞许地点点头，继续说道："'一'也是人的那个小我、自我，是加在人身上的那把锁，'一'既是障碍处，也是开解处，更是着力点。只有突破了人的小我、自我，才能看见更广阔的天地。反之，没有突破小我，这个门永远是关闭着的。"

先生讲得激情四溢，学生们听得津津有味。鹿鸣有了一点疑惑，他起身问道："先生，您说的这个门，开的又是什么呢？"

"问得好。"先生示意鹿鸣先坐下，继续说道，"开的自然是门，但是除了这个门之外，还有我们经常说的窍门、心门、天门、道门等。开心是开心门，开窍是开窍门，开始是开天门，开悟是开道门。"

接下来，先生对上面提到的概念进行了解释，他说："伏羲一画开天，肇启人文。最大的意义就在于开始，开始就是开天门，有天地，然后才有万物。做任何事，开始很重要。开始的高度决定了后面一切的高度，开始的态度决定后面一切的态度，开始的思路决定了最终的出路。

"开心也有把心打开的意思，伏羲为什么能一画开天？不是因为他有一画开天的能力，而是因为他有肇造文明的心，所以伏羲成了人文始祖。神农为什么能尝百草？不是因为他不怕毒，而是因为他首先有为百姓尝百草的心。"

鹿鸣听完若有所思地说："您说得是，先立志后有行动。"

杜若补充道："这个立志还得有一定的高度，有了足够的高度，才能有足够的行动力。"

小雅笑道："这不是有现成的例子吗？革命先烈为什么不怕牺牲，就是因为他们目标崇高而伟大，有一颗为中国崛起而奋斗的心。不是因为他们有这种能力，而是他们首先有这种心。"

先生高兴地说："小雅说得对，你们看中国共产党成立之初仅有几十个人，但他们有全心全意为人民服务的心，才能在短短一百年间成长壮大，带领中国人民走上国家富强、人民幸福的道路。"

说着说着先生也略微激动,他说:"开心门,那个'一'就是初心,初心为至正、至纯、至诚之心,不忘初心,方得始终!心力决定能力,心量决定能量。毛主席二十多岁写的《心之力》值得每个孩子好好读一读。《颜氏家训》也说道:'读书学问,本欲开心明目。'心不大者事不成。心要大到什么程度?张载'为天地立心,为生民立命,为往圣继绝学,为万世开太平'。一个只想着为自己好的小心肝是绝对承担不了为天下负责的重担的。一个自私的灵魂也自然无法理解中国人自古以来的天下关怀。"

"何为开创呢?"先生又发问道。

鹿鸣举手答道:"开创就是开拓创造。"

"决定一个人未来的是他的梦想,而决定一个人现在的正是他的未来。未来你想成为什么样的人决定你现在采取的行动,未来是开创出来的。如何更好地开创未来?答案是继往才能开来,只有继往圣先贤之志的人才能开创更美好的未来。范仲淹说:'先天下之忧而忧,后天下之乐而乐。'顾炎武说:'天下兴亡,匹夫有责。'周总理说:'为中华之崛起而读书。'现如今,我们应该要为'中华民族的伟大复兴而读书'。而未来,属于那些拥有远大抱负的人。"

看着讲台下充满求知欲的学生们,先生感到自己肩上的担子更重了,他诚恳地说道:"我记得鹿鸣曾经说,'先生总是不直接告诉我们答案',我也想告诉你们答案,但这并不是最好的办法。《礼记·学记》中说:'故君子之教,喻也。道而弗牵,强而弗抑,开而弗达。''开'即开导,'达'是最终要达到的结果。意思就是不要直接告诉学生结果,要让他自己思考、寻找答案,要鼓励他自己烧开水,而不是替他烧,直接告诉结果就像是看电影剧透。此'开导'之意更是要适配每个人的内在本心,好的老师总是能做到直指本心,因为每个人有不同的钥匙,每扇门里面的'一'不一样,因此才需要因材施教。"

同学们,"开"这堂课讲完了,你们掌握了吗?我们下一堂课再见!

扫一扫,听语音讲解版

第三十九课 势

篆文　　　　隶书　　　　楷书

今天天气晴朗，阳光充沛，书院里也很热闹。

王婶儿打算在小院里种点东西，主要是想丰富一下书院的副食品，因此她计划种几株果树，再种一点儿可以做零食的作物，比如玉米和黄豆，另外再移栽一些野果之类的植物。

鹿鸣、杜若和小雅都在小院里帮忙。鹿鸣挖坑，杜若和小雅运土，虽然效率不高，但确确实实帮了王婶儿不少忙。

经过一个多小时的劳动，小院里已经种好了一批幼苗，移栽的事儿暂且不着急，于是这项工程就算告一段落。几个学生都累得够呛，王婶儿让他们坐下休息，她去厨房弄点饮料来犒劳他们。

没过一会儿，王婶儿提着篮子回来了。没想到的是，先生也跟着来了。

看着学生喝上了汽水，先生给王婶儿打个眼色，王婶儿点点头，故意做出为难的样子说："哎呀，本来说给你们一人一颗梨，结果发现只剩最后一颗了，这可怎么分啊。"

鹿鸣正在咕咚咕咚地灌汽水，闻言连忙放下瓶子，说："没事儿，我就不吃了，给女生分吧。"

杜若听到这话，笑着说："给小雅吧，她爱吃梨。"

小雅似乎在想什么事儿，她最后一个反应过来，立刻说："鹿鸣挖坑最累，给他吃吧。"

几个学生推来推去，都想把美味的食物让给别人。

先生笑眯眯地制止了他们，笑着说："刚才是我叫王婶儿给你们开个玩笑。梨子还有很多，等会儿每人一颗大梨，谁也少不了。不过呢，我们今天的课程就跟你们的劳作和谦让有关，休息好了就到教室来吧。"

既然先生发话了，他们也不多休息。他们喝完汽水，让王婶儿先把梨存着，下课了再去吃，然后同学们嘻嘻哈哈地跑去上课了。

等他们来到教室，先生已经在黑板上写下了一个"势"字。

看到学生们坐好，先生说道："今天，我们就来讲一下'势'

这个字。你们先来看看,这个字让你们想起什么?"

鹿鸣站起身说道:"像是一个人在地上种植物。"

先生点头示意鹿鸣坐下,说:"'势'的上半部分为'艺'之古文,下半部分为'力'。甲骨文为人手捧树苗种植的形象。华夏民族从神农开始尝百草、种百谷,种植即为当时最有技艺的能力所在。之后,儒家更以'六艺'之称形容其修身的技能。'埶'是技能、能力的展现。'埶'是除人本具有的能力外,后天学习技能而增加的力。故经典中多以'埶'为'势'。'埶'有二音,yì 音为技能,shì 音为学成后具备的能力,后人在其下加'力'以成现有的'势'。"

杜若举手问道:"先生,那这个字的最初只有种植的意思吗?可与现在的用法并不一样呀。"

先生笑答:"这当然经历过一番演变,让我跟你们好好讲讲。'埶'为种植,古人发现,山川之间多以植被为调节。而'势'字,更是说明中国古人早就有了'植树造林以造势(风水)'的长远眼光。

"无论是植树造林改善水土,还是积土成山以兴风雨,我们的祖先都想通过这个'势'字来告诉我们怎样用有形的物质来创造无形的力量。当然有形才有势,所以要做样子、摆姿势。同气相求、同声相应,同种形连接成片,自然势更大!自然界的基本状况火、风、水等联结成一定规模后,具有了一定的力量和威力,我们称之为火势、风势、水势。"

听先生这么一解释,学生感到茅塞顿开,对于"势"这个字的演变有了较为清楚的认识。

看到学生们听得认真，先生也起了谈兴，他说："我给你们结合历史讲讲关于'势'的故事吧。

"为了讲清楚这个'势'字，我们来聊聊吴国的历史。吴国自古就盛产宝剑。吴国最早来了一个厉害的人叫泰伯，他是周文王的大伯父。周文王的爷爷叫古公亶父，生了三个孩子，老大泰伯、老二虞仲、老三季历。一般来讲，家业国君之位谁来继承？老大。但是老三生了一个小孩叫姬昌，也就是后来我们熟悉的周文王。当时爷爷一看这个宝贝孙子，就知道将来周族的发扬光大就靠这孩子了。这句话一说出来，泰伯听懂了（按我们现在的话说，董事长要退位了，位置本来应该是老大的，但是爷爷喜欢老三家的孩子）。正常来讲这是要掀起一场血雨腥风的宫廷政变，但是泰伯不让父亲伤心，他做出了重要的选择——离开自己的家，他从遥远的陕西来到了今天苏州这片土地，而且还断发文身，再也不回去了。

"老二一看大哥都这样了，我也不能让父亲不高兴，于是轻轻地挥一挥衣袖也走了。这兄弟两个把本来属于自己的国土直接让出去，这叫推位让国。所以江山就自然而然地落到了文王的父亲身上，于是周朝八百年的江山就启动了。要感恩的源头在哪？在泰伯和虞仲这里，而泰伯就在苏州这个地方建立了一个新的国家叫吴国。为什么要讲这个故事，这就是势。用几代人的努力把这个土地一点一点地积累起来，也就是把国家建立起来。

"一个人在这跪着,双手捧着土一点一点地往上增加,这就是势的第一层含义。有了这样的人,国家才有希望。这种土的厚德一点一点地积累成最后的大势,所以我们有一个词语叫时势。势积累得高了,变成空间,空间变了就会最终改变时间,所以一切的学问到最后都是时间的学问。"

鹿鸣得意地笑起来,说:"既然'争'是'以小人之心度君子之腹',那我们互相谦让,就应该是君子啦。"

杜若忍不住打击他说:"看把你嘚瑟的,有你这么浮躁的君子吗?"

小雅说:"好啦,你们安静一点,还在上课呢。"

看到学生们安静下来,先生继续讲:"第二层含义是凝,土积得再多,最多也只能是'黄土高原'而不能成为'泰山',只有土凝成石,才有质的变化,才能追随时间的脚步而超越空间。而由'积'到'凝',加的就是水的作用。

"泰伯之后,文王担起周的江山。文王的父辈兄友弟恭,你一抔土我一抔土地积累这个势,积到文王的时候已经三分天下有其二。这个时候文王只要一下令,是可以立马把商干掉的,但是文王没有这样做。纣王害怕文王造反,下令把姬昌抓起来,关在了羑里城。一关就是七年,并且中间纣王赐死了他的长子伯邑考。当时只要文王放出话来,整个西周一定全力攻打商纣以救姬昌,但是文王父子还是守着他的西周做诸侯,只是文王在羑里的这七年做了一件事——推演周易。

"文王七年被囚,在羑里城演周易六十四卦。在这七年之中,周文王参透了天时,回到了西岐,造灵台以观天时——还是没有造反。终于等到商朝的三杰,也就是比干、箕子、微子不是被杀就是被赶走的时候,时机已到,武王会师牧野。据《史记》记载,武王牧野'诸侯兵会者车四千乘',而商纣'发兵七十万以距武王',但'纣师皆倒兵以战,以开武王'。可见,牧野一战,西周不是打赢的,是商纣的军队倒戈而胜。这就是'势'的力量。一战灭商,这个时候武王拿到的这个'势'就不再是拳头,而是盾牌和长矛,所以武王一怒安天下,这也是顺势而为,这是势的第三层含义。"

学生都纷纷点头。

先生说:"这个势,还有没有第四层含义了?当然有。

"后来,周朝再一次迎来了一个伟大的圣人周公,周武王的弟弟。他也拿着长矛平定天下吗?那已经不是周公的势,因为他哥已经把这事干完了,真正属于周公的势是什么?周公制礼作乐,用七年时间把武王打下来的江山——周朝帮助年幼的成王治理好。这个'势'就是指的礼乐文明。"

鹿鸣思索着说:"想不到古人的智慧,竟然还可以用来分析现实。"

小雅说:"那是因为智慧是不会过时的。"

同学们,"势"这堂课讲完了,你们掌握了吗?我们下一堂课再见!

扫一扫,听语音讲解版

第四十课　情

情字篆文　　　　青字金文

书院的南门外有一片绣球花田。天气好的时候，师生们都喜欢在花田边的树荫下休息，远眺青色的田野，可令人心旷神怡。

休息的时候，大家会带上爱看的书，一边享受田野上吹来的轻风，一边翻阅手头的书消磨时光。

鹿鸣坐在树荫下的石凳上，摇头晃脑地看着手里的书，嘴里轻声念叨着"问世间情为何物"。

杜若嫌他吵，说："又在看你的武侠小说呢？"

鹿鸣不太想跟杜若吵架，于是敷衍道："你不懂。"

杜若不服气："你好懂哦。"

小雅无奈地叹气，劝道："你俩没一天不闹的，说到情字，鹿鸣你不如看看《红楼梦》。"

杜若马上将一军："他看不懂。"

鹿鸣很气但又无法反驳,《红楼梦》他确实看不下去,只好转移话题:"你们知道什么叫'情理之中,意料之外'吗?"

杜若说:"你这次数学考试没考好,叫意料之外。"

鹿鸣没想到杜若会这么说,好奇地问:"你咋知道我没考好?"

杜若嘿嘿一笑,说道:"你好几次数学课都偷偷看小说,我看得一清二楚,考不好这叫情理之中。"

鹿鸣遭到连番打击,耷拉着脑袋不说话。

小雅又来当和事佬:"鹿鸣你别灰心,你数学的基础很好,只要上课认真听,下课好好复习,肯定能追上去。"

杜若笑道:"小雅你不用同情他,要不了一会儿他又活蹦乱跳。"

先生说:"本着同学情谊,该劝还是要劝的。倒是小若你今天锋芒太过,易伤人也会伤己。"

杜若不好意思地点点头。

先生说:"你们刚才的谈话,多次提到了'情'字,你们对这个字了解吗?"

鹿鸣心直口快地说:"是不是今天要讲'情'这个字啦?"

先生拿他没办法,苦笑着说:"你小子就是莽撞,行吧,我也不铺垫了,今天咱们就讲这个字。

"'情'字形从'心'和'青'。要搞清楚'情',自然要先搞清楚'青'。'青'字的金文字形,上面是'生',意为从土里长出新苗,下面是丹炉的'丹'。新苗是绿色的,而丹则是红色的。从字形来讲,青就是从丹炉中提炼出来的,是有生命力的,常用它形容颜色的青。一者，青为炉火纯青，火烧到温度极高的时候，没有一点杂质的最纯的火苗就是青色。青，取之于蓝而胜于蓝。靛青是从蓝草里面过滤出来的汁液，再把它汲取变成染料，经过加工的叫青。丹也是从丹砂矿里提取出来的。红到极致叫丹，绿到极致叫青。青和绿不同，青是基本色，绿是中间色，青加黄才是绿。'青'就是纯粹、干净，没有杂质。加了心的'情'也是纯粹、干净，没有杂念的意思。

"许慎在《说文》里说'情，人之阴气有欲者也'，即内心有所欲求的隐性动力。段玉裁在其注中引用《孝经·援神契》中的'性生于阳，以理执。情生于阴，以系念'。'性'为阳气，天生存在；而情是阴气，由意念所动。

"人皆有'七情六欲'，何为情，何为欲呢？在儒家的典籍《礼记·礼运》篇中提到的'七情'：'何谓人情？喜、怒、哀、惧、爱、恶、欲，七者弗学而能。'情是人自身的感情反应，是内因。而欲指的都是外界状况，即外因。

"人情与天地之情。上有父母，下有子女，都是至亲之血缘，人们称之为亲情。同辈间最纯粹的关心、帮助，我们称之为友情。年少时，看见哪个美丽的女孩而怦然心动不知所以的，是最纯粹的爱情。

"情字，竖心旁代表真心、真情，当你真心爱上一个人的时候，感情就像春天里刚长出来的禾苗，有生命力。青为生，青就是纯粹、干净，没有杂念，最纯粹的就是年轻那个时候，动了真情。人生在世，总会有一个女孩让你魂牵梦绕，总会有一个男孩让你心动，凡是能伤到你的都是因动了真情，如果只是欲望伤不了。放下有形的容易，无形的难，所以放下真情最难。

"古往今来，多少痴男怨女被情困住，'情不知所起，一往而深；情不知所终，一往而殆'，真情必然是不知道为什么就喜欢上了，而且愈来愈深厚。沧海桑田，唯有真情最动人，就像苏轼写的'十年生死两茫茫，不思量，自难忘'。情贵真，但不贵多，因为'慧极必伤，情深不寿'。

"情不仅仅指的是人情，《红楼梦》大旨谈情，谈的人情和人欲，而《易经》中则告知我们要去关注天地之大情。

"随着'情'字的不断使用，由最真实本源逐步引申到所有感于外界而产生的情感、情绪。所以，人往往把'欲'掺杂在'情'中为己所利、为己所图，及至想要占有而为祸他人。我们在实际生活中都应该审视自己的'情'是真情还是假意，不要给自己的'欲'穿上'情'的外衣，而对别人和自己造成伤害。

"《易经·系辞》'情伪相感而利害生'，意思是诚实和虚伪互相矛盾斗争，利害由此产生。'情'是人纯粹的、真实的想法和意图，而'伪'恰恰相反，是指假的、不真实的。'情'是人最自然的意识萌发，'人'加'为'为'伪'，'伪'是后天人或者环境有意识地去影响而产生的。"

扫一扫，听语音讲解版

同学们，"情"这堂课讲完了，你们掌握了吗？我们下一堂课再见！

第四十一课 义

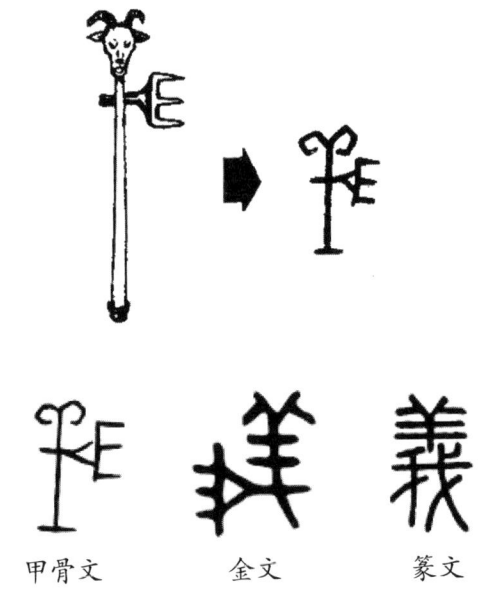

甲骨文　　　金文　　　篆文

书院往西有一条小路，小路两旁种满了迎春花，花开的时候走在小路上，让人感觉仿佛荡漾在花海里。小路的尽头是一片池塘，池塘边种有一棵桃树，如今正是桃花盛开的时候，先生最喜欢坐在桃树下垂钓，学生们则坐在不远处安静地看书，低声聊天。

学生们谈论的话题是鹿鸣昨天在学校做的一件事。杜若性急，她皱着眉头对鹿鸣说:"我听说你昨天包庇犯错的同学?"

鹿鸣摇摇头说:"那怎么能叫包庇,他是我的朋友,我总不能出卖他。"

杜若不屑地说:"往笔盒里放毛毛虫,这是小学生才会做的事吧?就这,你还讲什么哥们义气?"

鹿鸣说:"他都没承认,我怎么能先告发?后来他自己承认了,我说不说都无所谓了。"

小雅问:"所以你陪着一起罚站了?"

鹿鸣点点头:"我得讲义气。"

小雅叹气,杜若略带激动地说:"你这就是狭隘的义气思想,现在要批判这种狭隘的义气。"

看到鹿鸣并不认可杜若的话,小雅说:"'义气'一词,在《辞源》上有两种解释,一种是刚正之气,一种是忠孝之气。因为电视剧《三国演义》和《水浒传》里都提到过义气,所以你可能将其理解为'为朋友两肋插刀',但这是一种狭隘的理解。义气应该讲原则,如果不讲原则地迁就朋友,那就是一种无知和盲从,最后很可能害人害己。"

鹿鸣疑惑地问道:"你也觉得我做错了吗?"

小雅说:"真正的义气,应该是当朋友受到欺辱时,作为朋友挺身而出。又或者当朋友有困难时,努力帮助朋友走出困境。而不是在他犯错的时候去掩盖错误,帮他逃避惩罚。这不是为了他好的行为,你能理解吗?"

鹿鸣沉思着点点头:"我有点懂你的意思了,如果他最后没有承认错误,以后可能还会继续这么做。而我替他掩盖,其实是纵容了他的行为,没有起到规劝的作用。"

小雅高兴地说:"鹿鸣你能这么想,说明你是真心为朋友着想,只不过一时没有找到正确的方法。"

鹿鸣说:"我懂了。正确的做法,应该是在一起罚站的时候劝他主动承认错误,对不对?"

小雅和杜若都对鹿鸣伸出大拇指,表示他说得对。

先生笑着收起鱼竿说:"你们讨论得真入迷,把我的鱼都吓跑啦。"

学生们连忙向先生道歉,先生摆手道:"我没责怪你们,你们的讨论我都听到了,我很高兴你们能得出正确的结论。既然如此,我就把'义'字作为今天的课程吧。"

等学生都围到先生身边,先生收好渔具,拿起树枝在地上写出几种"义"的字体,说道:"'义'是'仪'的本字,从'我',从'羊'。羊表祭祀的牺牲,'羊'又为'祥'的本字,故'羊'还表示祭祀占卜得出的吉兆。'我'是有锯齿状的刀刃的兵器,本义为出征前隆重的祭祀仪式。祭祀时必然按照一定的形式和程序有条不紊地进行,所以'义'表示程式化的庄严的典礼,即仪礼之仪。仪式中占卜以定吉凶,如果是吉兆则代表战争是仁义之战。所以'义'为扬善惩恶的天意,后引申为公认的道德、真理、道义,强调的是普遍性和客观性。

"当'义'的仪式本义消失后,篆文再加'人'旁变成'仪(儀)'。《说文》曰'义,己之威仪也'。《释名》曰'义,宜也,裁制事物，使合宜也'。《尔雅》曰'义，正也。五方之言不同，皆以近正为主也'。

"关于'义'的构型。'我'代表武器，表示强大的力量；'羊'，温顺、和善、吉祥，美好的象征。'我'加'羊'也可以理解为拥有强大力量，却不用来杀伐征战，而是用来维护世界美好和追求善良，这就是'义'。

"'礼'内出于心，是存乎内心的准则、尺度、规范等，指的是社会生活中由于风俗习惯而形成的为大家共同遵守的仪式。'仪'外显于形，指的是人的外表，是通过一定的形式、程序、动作等表现出来的礼。

"我再讲个鲁昭公'知仪不知礼'的故事。公元前537年（鲁昭公五年），鲁昭公去晋国朝拜晋平公。春秋时期国家之间的迎宾仪式从郊劳开始，步步为礼，极其复杂。晋国在郊外举行郊劳，包括馈赠等一连串繁杂的外交仪式，鲁昭公都做得非常到位，一点都没做错。晋平公非常欣赏，对大夫女叔齐说：'鲁国国君不是很知礼吗？'

"女叔齐却并不认可，他说：'鲁昭公擅长的只是仪式，而不是周礼。礼是用来守卫国家、执行政令、不失去百姓的东西。现在，鲁国国君的大权旁落到了士大夫的手中。鲁国公室被季孙氏、叔孙氏、孟孙氏三大家族分成了四份。由于大权旁落，老百姓现在都不怎么关注国君的处境。身为国君，祸难就快降临到自己身上了，却不赶紧想办法解决，还在琐琐屑屑地学习

礼仪。这哪里算得上知礼呢？'

"这就是历史上的'知仪不知礼'的典故！"

同学们，"义"这堂课讲完了，你们掌握了吗？我们下一堂课再见！

扫一扫，听语音讲解版

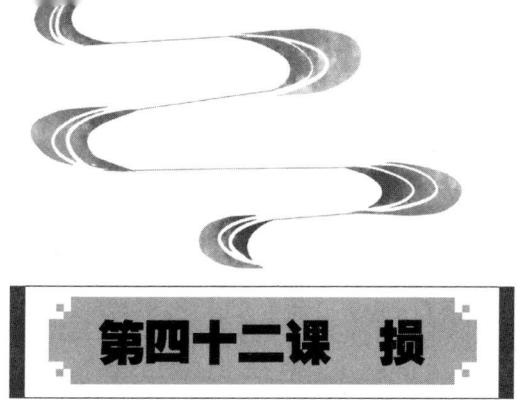

第四十二课 损

篆文

鹿鸣走进书院,看到小雅和杜若正与一个陌生的大娘说话。他好奇地走过去,听到大娘正在讲她家乡的人和事。

鹿鸣好不容易等到大娘停下话头,问道:"怎么没看见王婶儿?"

杜若说:"王婶儿家里有事儿,回老家一周,这是暂时代替王婶儿工作的李婶儿。"

李婶儿六十出头,身材胖胖的,说话像机关枪似的嗒嗒嗒个没完。一边跟人聊天,手上还不停地择菜。

"这是你们说的鹿同学吧?俺姓李,老家东北的。俺们那旮旯老少爷们儿都爽快,以后有事儿尽管招呼。"

鹿鸣是个自来熟,很快就跟李婶儿聊上了。等他进教室,嘴

里已经学上了李婶儿的口头禅。

"你看你,多损哪。"

杜若也没少学:"你一大老爷们儿丢不丢人,消停点儿吧。"

鹿鸣还来劲了:"你知道熊猫咋就饿瘦了吗?因为山上的笋都被你夺完了,瞧你那损色。"

小雅笑道:"你别说,鹿鸣学得还挺像,跟他的气质很搭配,就挺损的。"

讲台上的先生终于忍不住了,打断道:"你们别损来损去了,今天我就给你们讲讲'损'这个字,让你们好好长长记性。"

学生们嘻嘻哈哈地坐好,拿出笔记,开始准备上课。

先生说:"我们先来看看字形。'损'的篆文,左边为手,右边为'员'。'员'字下部是一个圆鼎,鼎是用以盛放或烹煮食物。上部的圆形表示鼎口是圆的。《说文》曰'员,物数也',表示物的数量。

"'损'字可以理解为有人伸手从鼎中取走食物。鼎中的食物代表自己积累的财物,被人一点点取走即代表财物有所减少,损的本意是减少、亏损的意思。

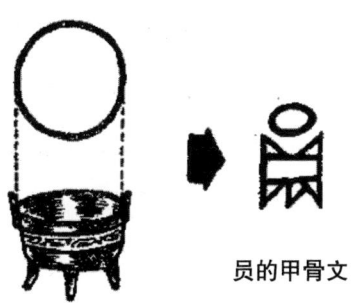

员的甲骨文

"有的解释认为,'手'为捣毁之意,表示用手捣毁钟鼎等贵重器皿。所以'损'又表示捣毁、破坏之意。此外,损还引申为伤害、使蒙受害处之意。

"何为损益之道?"

宥坐之器

"《孔子家语》里记载了一个'宥坐之器'的故事:孔子率弟子到祭祀鲁桓公的宗庙里观礼,见到一件倾斜的器皿。孔子问守庙人:'这是什么器物?'答曰:'这大概就是宥坐之器。'孔子说:'我听说宥坐之器空的时候倾斜,水装得适中就垂直端正,水灌满后就会倾覆。圣明的君主深以为戒,所以常常把它放置在座位右边。'孔子回头对弟子们说:'灌上水试试看。'于是,弟子们将水加入欹器,当水不多不少时,欹器端正垂直,把水加满时,欹器就倾覆了。孔子感叹地说:'事物哪有盈满了而不倾覆的呢?'

"子路上前问道:'请问有没有既能保持盈满,又能不倾覆的方法？'孔子说：'聪明智慧，就用愚笨来持守；功勋遍及天下，就用辞让来持守；勇力闻达于世，就用怯懦来持守；富有四海之财，就用谦和来持守。这就是所说的用尽可能谦抑来保持盈满的办法。'

"宥坐之器很好地阐述了儒家的中庸思想，守中持正才是最合适的。做人做事，一定要把握好分寸，聪明、功勋、勇猛、财富过头都会招来不利，水满则溢、月满则亏、自满则败，所以只有通过损来平衡。古人认为太聪明了就让自己表现得愚笨一点，大智若愚；功高盖主，那就主动辞让，明哲保身。张良和韩信的不同命运很好地诠释了退让的重要性。过于勇猛，天不怕地不怕，那就让自己胆怯一点——孔子已经明确告诉子路了，可是子路还是听不进去，最终还是因为自己的勇猛而丧命；越是富有，越不能觉得自己牛气哄哄、不可一世，而需要更加谦卑低调。

"《道德经》中也说道：'持而盈之，不如其已。'简单地说就是告诉贪得无厌的人，要适可而止。贪得无厌的人都是手里面已经有很多东西了，还想拿着其他的东西，拿得多的时候，很容易把东西弄到地上。古人认为如果你不止，老天可能就会来让你止了。因为'天之道损有余而补不足，人之道损不足以奉有余'。天道规律是一种平衡的力量推动着万物的变化，用'有余'来补那些'不足'的。而人道则相反，富者越来越富，贫者越来越贫，会赚钱的人资源和财富会不断向他们倾斜，造成马太效应。如果富人不知足，光知道积累索取而不知道奉献，人道之上为天道，最终天道会来平衡，老天会来让你损。

"《易经》说道：'损益，盛衰之始也。'没有永远的益，只有损益循环，益过头了一定就是损。求学之路，往往追求不断增长知识、智慧，不断地往大脑里面塞东西，求道之路则相反，是让脑袋越来越空，日损就是不断放下，内心才足够纯净，思考的品质才会更好，才更容易悟道。就像手机用久了，各种资料越来越多，这就相当于'为学日益'，这样的结果就是手机越来越慢，甚至出现死机的情况。而新手机呢？资料最少，这就相当于是'为道日损'，运行反而是最流畅的。很多时候我们只是单纯地看待损和益，认为损就是不益，其实损才是真正的益！"

同学们，"损"这堂课讲完了，你们掌握了吗？我们下一堂课再见！

扫一扫，听语音讲解版

第四十三课　益

甲骨文　　　金文　　　篆文

为了提高学生们读书的兴趣，更加方便学生之间的交流，先生提议在书院里搞一个读书角，大家把自己读过的书放在读书角，供其他学生免费借阅。

这不是一个捐献项目，每个学生都可以随时更换自己的书单，把自己读过的或者想推荐的书放在读书角，也可以在任何时候把自己还没被借阅的书拿走。因此，先生特别强调借阅书籍要爱惜，因为这都是别人的书。

鹿鸣积极地响应先生的号召，从家里带来了一纸箱的书，他挨个把书放进读书角的书架，还贴心地在书架上留下自己做的一沓书签供其他人取用。

小雅看到鹿鸣搬书便过来帮忙，顺便问道："这些书你都看过了？"

鹿鸣说："谢谢小雅。我都看过了，你来得正好，我昨天重看《三国演义》，有个问题想问你。"

小雅说："什么问题？"

鹿鸣从书架上取下刚放上去的《三国演义》，翻开说："你看这段，'益州险塞，沃野千里'，益州为什么叫益州？"

小雅看鹿鸣得意的表情，大眼睛一转，故作不知："那你说说为什么。"

鹿鸣嘿嘿一笑："因为'益'这个字的意思是富饶，四川盆地很富饶，所以叫益州，对不对？"

小雅说："不太对。"

鹿鸣惊讶地说："不对吗？我二叔就这么说的。"

小雅笑道："历史上，益州这个称呼最早来自汉武帝开拓大西南，古书上九州里没有益州的说法，古九州的梁州后来改称益州，就在汉武帝元朔二年（公元前129年），出处见于《水经注》。汉武帝后来又在全国设了十三个监察区，最高长官为刺史。到汉灵帝时监察区改为行政区，最高长官为州牧。这个时期益州的区域才包括了四川等地，是九州中最大的一个州。"

鹿鸣点头说："好好好，今天又学到了。"

他们一边说话一边归类书籍。小雅顺手拿起鹿鸣做的书签说："你做的书签上还写了字——'满招损，谦受益'，挺用心呀。"

鹿鸣说："这是我爸老跟我讲的一句话，我就写上去了。不过我对这句话的意思理解得不够深入，还想再请教一下。"

小雅说："这我可不敢当，还是让先生来讲吧，先生能讲得更透彻一些。"

放好书之后，他俩一起去了教室，先生听了他们的来意，说："昨天讲了'损'，今天正好把'益'也讲一讲，你们听完应该会有一个新的理解。"

等学生们都坐好，先生在黑板上写下几个不同的"益"，然后说道："甲骨文的'益'字，下面为器皿，上面为水，指往器皿里注水，水满而溢出的状态，益是'溢'的本字。本义为充满而向外流，后表示增益。由满溢引申，指增加、增多，又引申指更加。由于增加了，得到的好处更多了，所以'益'又引申指好处。

"金文的器皿变得低浅，上面则由水滴变成了'八'字形，仍表示满溢之意。等到篆体则把'水'字横放在器皿上，这个'水'与八卦中表示水的坎卦卦性相合。

"《说文》：'益，饶也。'段玉裁解释：'饶，饱也，凡有余曰饶。'这里的'饶'就是富饶的意思。

"一说起'益'，大家第一想到的应该就是益处、好处，然而我们先人的智慧早已超越了这么浅薄的认知，'满招损，谦受益'，先人一直在警示我们，要受益只能在低处，要受益只

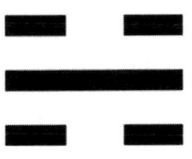

坎卦

能是空杯，一个人要受益只能谦逊！

"其次，要得利先出力，以利民为益！'利'绝非私利，'益'也不是得利后的窃喜。利是天地人之大和，是公利。益者，德之裕也。只有把自己的'利'给出去才有'益'，将自己的善行与美德多施益于人，自然道德日益充实，道益、德益才是真正的大益。

"'凡益之道，与时偕行'，这句话出自《易经·益卦》，偕行是该进则进，该退则退，不要一味只知增不知减，只知进不知退，退一步海阔天空。增益本是好事，但是最终都溢过了，便不是益而是灾了，因为物极必反，满溢之时就只能'损'了。

"鲁哀公问孔子：'请问如何才能成就自身呢？'孔子告诉他，你自己的行为不要超过事物固有的准则，也就是把所有的事都处理妥当，这样才算成就自身。月满则盈，水满则溢，只有不超越法度才合乎天道。

"中国人特别注重防微杜渐，见微知著。从增加到满溢，'益'字字形的演变就是我们先人对我们最好的提醒，因为，一旦追求增益以后，若没有警醒的头脑，还不够，要溢。而等到溢以后，只剩下损了。我们可以想象一下往一个杯子里倒水，不知道停的话，等到溢出来了，你就已经拿不起这个满杯了。你一动，水肯定更多地洒出来。所以许慎说：'益，从水皿。'水和皿的这个关系，含在了这'益'字里！"

同学们，"益"这堂课讲完了，你们掌握了吗？我们下一堂课再见！

扫一扫，听语音讲解版

第四十四课　顺

甲骨文　　金文　　篆文

今天的天气不是很好，大风呼呼作响，路边大树的树梢被吹得胡乱摆动。天空阴沉沉的好像打翻了墨水瓶，仿佛随时就要下雨。小雅醒得早，很早就来到书院，她向李婶儿借来抹布和水盆，开始给教室做卫生。

鹿鸣和杜若前后脚到书院，他们看到小雅忙得满头汗，连忙放下书包去帮忙。

同学们忙活了一阵儿，把桌椅板凳还有讲台黑板都擦得干干净净，这才坐下来休息聊天。

他们聊了一会儿最近看的书。小雅注意到鹿鸣兴致不高，便问道："鹿鸣怎么有点没精神啊？遇到什么事儿了？"

鹿鸣耷拉着肩膀，说道："也没什么大事，最近老倒霉了，特别不顺。"

杜若问："怎么不顺啊？说说。"

鹿鸣说："先是数学没考好，被留堂。然后回家路上，零花钱掉了，找了好一会儿没找到。等我到家，我最喜欢的鸡腿被来家里玩的表妹吃了，就给我留个鸡屁股！"

小雅忍住笑问："还有吗？"

鹿鸣刚想说，看到先生走进来，同学们连忙起身问候。先生笑着示意他们继续聊，他坐到讲台后面拿起书看着。

鹿鸣坐下继续说："我有个超好看的奥特曼玩具，眼睛会发光，还会嘀嘀叫。我表妹不但吃我鸡腿，还把玩具给'借'走了。她是什么人我还不知道？有借无还！啊！我要愁死了！"

杜若说："幸亏她没看上你的四驱车。"

鹿鸣一愣，说："有道理啊！她要是看上我那些宝贝，我得跟她'拼命'。"

小雅笑道："你只能往好处想了，现在的不顺利是塞翁失马焉知非福。"

鹿鸣苦笑着摇摇头，转头问先生道："先生，今天上什么课呀？"

先生放下书说："小雅说得有一定道理，顺与不顺通常是相伴而行的。你不是正不顺吗？我们就来讲讲'顺'这个字。"

学生们回到座位上坐好，拿出笔和笔记本，先生在黑板上写下几个不同的"顺"，然后说道："甲骨文的顺字，由'川'和'页'组成，'川'为水流，表示顺畅。'页'是人的头部，引申为思虑，所以'顺'的意思为思虑顺畅，思绪无碍。金文的下面为'心'，代表情绪舒畅，没有郁结。

"《说文》：'顺，理也。'理者，治玉也，表示梳理，使之有序。朱骏声认为，顺为人面文理之顺也，引申为顺逆之顺，就像'驯'字，意为驯服马，引申为一切人、物之驯服。

"顺是每个人的美好愿望，我们经常说'六六大顺'，到底指什么呢？如何才能六六大顺？

"六顺最早源自《左传》，分别是指君义、臣行、父慈、子孝、兄爱和弟敬，就是包括君臣、父子和兄弟这六大角色，以及他们需要遵循的行事法则。

"《易经》坤卦说道：'履霜坚冰至，盖言顺也。''履'就是走，走在霜上，结冰的日子即将到来，履霜就是步履维艰。此外坤卦还说'西南得朋'。得朋自然能顺，有贵人相助，做事就更容易。只有经历大的考验和困难才能迎来真正的朋友，朋友多了，人生就更顺，甚至大顺。一直都很顺，那个不叫顺，最多是小顺，只有经历过大灾大难，才能真正迎来大顺。

"对一个人而言，就是天降大任的苦其心志、劳其筋骨、饿其体肤。对一个民族而言就是苦难辉煌，就是多难兴邦。一个人不能追求一直顺利，而要坦然接受各种失败挫折，这样才能最终迎接大顺。"

　　同学们,"顺"这堂课讲完了,你们掌握了吗?我们下一堂课再见!

扫一扫,听语音讲解版

第四十五课 利

甲骨文　　　金文　　　篆文

小雅和杜若的家离得近，两人经常约着一起去书院。这天，她们小姐妹手拉手地来到书院，却发现鹿鸣坐在书院大门里的石凳上发呆。

杜若上去打招呼说："呆鹿，干吗呢？"

小雅无奈地摇头："你又给他起外号？"

鹿鸣抬头看见她们，挤出个微笑说："哦，你们来了。我有点困惑，打算等会儿问问先生。"

杜若来了兴趣，拉着鹿鸣向教室走去，边走边说："来来来，你先跟我们讲讲，我们给你分析分析。先生还得一会儿到呢。"

鹿鸣一脸不情愿地被拉到教室坐下，犹犹豫豫地说："其实吧，我有个朋友——我感觉他老是占我便宜。"

杜若一脸好奇地问："细说，怎么占便宜？"

鹿鸣叹气道："比方说，早上让我给他带杯豆浆，平常找我借个铅笔、橡皮什么的，但他从来不给我钱，借的东西也不还我。我找他要吧总觉得不好意思，不要吧又觉得亏。"

杜若问："那你到底去没去要？"

鹿鸣说："我要了。但是他跟我讲'君子喻于义，小人喻于利'，说咱们都是君子，不要斤斤计较。我怎么觉得哪里不对呢？"

学生们正说着话，先生夹着书进了教室，学生们连忙起身问好。寒暄过后，鹿鸣把问题又复述了一遍，先生严肃地点点头说："你这个问题很有意义，我们今天正好要讲讲'利'这个字，鹿鸣你好好听，听完应该会有新的理解。"

学生们在座位上坐好，先生转身在黑板上写了几个不同的"利"，然后说道："'利'的甲骨文像用刀在割庄稼，谷粒随刀纷纷落下。徐中舒认为：'利像耒（lěi）刺地种禾之形。'耒是古代农具，形状像木叉。有的甲骨文的'利'右边上面的点像翻起的泥土。右边的不是刀形，乃'力'字字形之变，'力'字本就像耒形，且'利'应由'力'得声。此应为'利'字的本义。

"出'力'才能得'利'，先人创造的这个象形文字，原汁原味地保留了这个最基本的因果关系。而左旁的'禾'形，更是代表了华夏文明中从无到有的天人观。'地生嘉禾'，'禾'代表粮食的来源，而农耕就是人在天地间从无到有获取利益的最初的通道。

"在农耕文明初期，人们发现不断地出力（松土、浇灌），就能得到'利'。农民种庄稼，所收获的远大于播下的种子，'春种一粒粟，秋收万颗籽'就是利益的写照。只有为他人或万物多出'力'，才能有'利'的回报。中国人一直比的是谁付出得多，这才是'利'字的本义！"

鹿鸣听到这里若有所思。

先生继续说："下面讲讲'利'的字义演变。其一，天生地长是自然产物，但多付出了人力，就有了更好的收获——利。

"其二，'利'的右边是一把'刀'了，这时候的'利'已然是锋利的含义。因为锋利，因为便利，人们使用它、追逐它，就引发了贪！'天下皆争利弃义'，人们开始只关注利己为'利'了。由此，就出现了利害之争。

"其三，刀口锋利砍切速度就快，干起活来就方便、效率高，所以'利'就有了快、顺利、便利的意思。

"其四，由砍切速度快引申为行动速度快，'利'就有了办事敏捷的意思。办事敏捷的人显得精明能干，所以也叫利索、利落、麻利。利索的人做事井井有条，不拖泥带水，所以利索、利落等词也用来形容干净整齐的样子。干净了就是没留下东西、没了、完了，所以利索、利落都有完毕的意思。'事情利索了'

就是'事情完了'。

"利有小利，也有大利。小利为己，大利为天下，计利当计天下利，这样的利就是仁，故《广雅》曰'利者，仁也'，《春秋繁露》曰'利者，道之本也'。

"'君子喻于义，小人喻于利'，这句话出自《论语》。这句话的大意是：君子通晓大义，小人精明于利。何为君子？何为小人？就道德而言，有德者为君子，无德者为小人。

"这句话孔子不是教导大家做君子就不要利，而是君子更懂得以义统利。义为本，利为末，先义后利。君子爱财，取之有道。孔子的弟子子贡很会赚钱，但他以仁义为本，成为儒商的鼻祖。反观现在的商业行为，为了利益不择手段，追求利益最大化，这些都是违背君子之道的。

"此外，这句话也可以理解为：对君子可以晓之以义，而对于小人，跟他多讲利益他就懂了。"

鹿鸣听完课，他终于理解了这句话的含义，他说："我明白了，他是用这种诡辩来糊弄我的。这个朋友不可交。"

杜若笑道："你怎么老遇到这种朋友啊？俗话说近墨者黑，难道说……"

鹿鸣笑骂道："你快闭嘴吧，你还是我朋友呢，你黑不黑？"

大家都哈哈大笑起来。

同学们，"利"这堂课讲完了，你们掌握了吗？我们下一堂课再见！

扫一扫，听语音讲解版

第四十六课　宝（寶）和贵

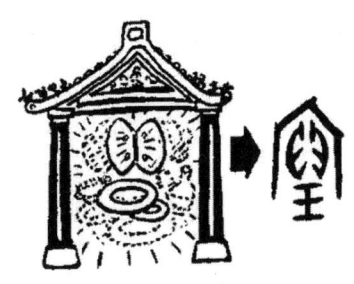

甲骨文　　　金文　　　篆文

　　课间休息的时候，鹿鸣拿着手机在院子树荫下视频通话。小雅和杜若偷偷凑过去，看到视频里一个老太太一边叫鹿鸣"小宝"一边各种叮嘱。

　　鹿鸣忽然感觉旁边有人，连忙将手机黑屏，扭头说道："吓我一跳，你俩鬼鬼祟祟地干吗？"

　　杜若老毛病又犯了，学着说："小宝，小宝。"

　　鹿鸣这次皱眉叹气摇头全齐了，他对小雅说："你管管她啊。"

小雅笑道："你怎么这么大反应？"

鹿鸣说："我都长大了还这么叫，总觉得有点害臊。"

小雅说："'宝'是珍贵的意思，你就庆幸还有人叫你'小宝'吧，我奶奶以前也这么叫我，但她已经不在了。"

鹿鸣说："啊，对不起。"

小雅说："没事，你应该珍惜这些对你好的人。"

鹿鸣点点头，这时他看到先生背着手走过来，连忙起身打招呼。

先生问："你们在聊什么？"

鹿鸣把刚才的事情稍微解释了一下，说："小雅说得对，奶奶这么叫我，是她觉得我是她的宝贝，我不应该反感。"

先生说："'宝'确实是珍藏的宝物的意思。宝的甲骨文字形，'宀'代表房屋，中间为'贝'，代表财富，下面'丑'为朋，代表玉串，表示珍藏在家里的贝和玉。在先民心中，货币与玉器是镇国之物，是宝贝。有的甲骨文直接将玉串的'朋'简化为'玉'。金文加'缶'，表示为了防腐，将玉、贝等珍藏在陶罐里。陶器出现以后，先民以玉易陶，陶成了当时的又一宝物。在古代史前的墓葬中，只有首领的墓中才有玉器和陶器陪葬品，说明史前玉器和陶器是富人的奢侈品。玉因为稀缺，制作难度大，逐渐为贵族阶层所垄断，普通百姓家中的珍贵宝物只有贝币与陶器。贝壳由于其大小适中、携带方便、易于计数等特点，逐渐充当起商品交换的一般等价物而成为原始货币，贝壳、货币可以交换玉器、陶器和其他物品，也成为先民家中的宝物。

《说文》里讲'宝，珍也'，表示家藏的珍品。'宝'字本义

当宝贝讲，后来对美玉的总称也为'宝'。古时银钱货币亦称宝，如元宝、通宝。"

鹿鸣点头："原来是这样，从古代开始'宝'就是珍贵的。"

杜若说："有时候我妈也叫我小宝贝，我很喜欢被妈妈宠爱的感觉。"

小雅说："先生继续讲讲吧。"

先生点头说道："天有三宝：日、月、星；地有三宝：水、火、风；人也有三宝：精、气、神。宝有物质之宝、精神之宝。普通人的宝是财富，圣人最宝贵的是什么呢？

"《孔子家语·儒行解》篇，孔子说道'儒有不宝金玉，而忠信以为宝'。意思是儒者不把金玉当作宝贝，而把忠信当成宝贝。老子说：'我有三宝，持而保之：一曰慈，二曰俭，三曰不敢为天下先。'

"可以看出，老子和孔子作为圣人，最宝贵的不是财富，而是以美好的品德和追求作为自己的宝贝。"

小雅问："宝贵宝贵，先生顺便也讲讲'贵'吧？"

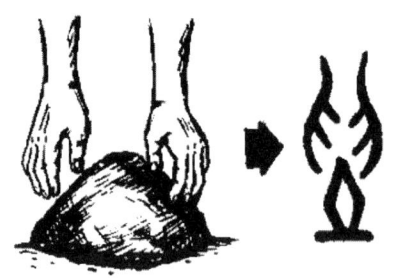

扫一扫，听语音讲解版

甲骨文　　金文　　篆文

听到小雅的请求，先生笑道："'贵'和'宝'经常连在一起说，宝贵的意思是极有价值。

"'贵'的甲骨文字形，像双手捧土的情状。土能生长万物，故为最宝贵的。金文字形上面是一双手，中间像一种农具，下面是泥土堆。整个字形像是用农具在田地干活。小篆加了'贝'旁，贝为古代的货币，是财富的象征。

"《说文》曰'贵，物不贱也'。《广雅》曰'贵，尊也'。贵，指受尊敬的，受重视的，地位高的。《释名》曰'贵，归也'，物所归仰也。

"'贵'字的基本义是指很贵重。既然贵重，评价就会高，就值得重视，这就是宝贵、可贵、珍贵。因为评价高，其地位也就高，成为贵族、贵人、贵妇人、达官贵人。正因为贵重，评价又高，贵也作敬辞用，称与对方有关的事物为贵姓、贵国、贵干、高抬贵手。

"此外，土地是人们最基本的生存条件，因此人们认为土地是最宝贵的，有土才为贵，有自己的土地才能成为贵族。"

同学们，"宝贵"这堂课讲完了，你们掌握了吗？我们下一堂课再见！

扫一扫，听语音讲解版